하나님 나라로 본 창세기 1

하나님 나라로 본 창세기 1

유석영 지음

하나님 나라 성경 주해 시리즈 01

Genesis:
The Beginning of
God's Kingdom

창세기 1~11장: 창조, 타락, 홍수, 바벨탑의 4대 사건

 진리의 일꾼

추천사

　유석영 목사님의『하나님 나라로 본 창세기 1』은 소위 '전 역사'라 분류되는 창세기 1~11장의 내용을 분석하고, 각 단락에 대한 주해와 적용점을 체계적으로 정리하여 독자들에게 전달하고 있습니다.

　본서는 단순히 해석과 주해의 결과만 제시하고 있지 않습니다. 저자는 성경을 제대로 해석하고 본질적인 메시지를 찾을 수 있는 시각을 어떻게 가져야 할지 안내하고 있습니다. 이러한 성경 해석 방법론은 창세기에만 적용되는 것이 아니라 성경의 다른 책에도 두루 적용될 수 있는 해석 방식이기 때문에 그 자체로도 가치 있는 내용이라 생각합니다.

　저자가 강조하는 성경 해석 방식은 '숲 보기' '나무 보기' '원독자 관점에서 읽기' '문법적 관찰' '성령의 감동' 등입니다. 성경은 우리가 상상할 수 없는 수천 년 전에 기록된 책이기에 이러한 일련의 성경 읽기 방법론은 고대의 글쓰기 방식과 언어를 이해하는 데 큰 도움이 될 것입니다. 무엇보다 중요한 것은 성경이 일반적인 책이 아니라 성령의 감동으로 기록된 책이자 시대를 초월하는 메시지를 전달하고 있기 때문에 성령의 인도하심과 감동이 성경 읽기의 중요한 방법 가운데 하나라는 중요한 사실을 일깨워 줍니다.

　나아가 저자는 성경 읽기에 있어 '하나님 나라'라는 관점을 중요한 주제로 제시하고 있습니다. 66권의 성경은 긴 세월 동안 수많은 저자에 의해 작성되었기 때문에 각각의 책마다 다채로운 문체적 특징과 주제를 드러냅니

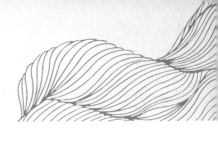

다. 그래서 성경을 읽다 보면 그 중심 내용이 무엇인지 혼동될 수 있습니다. 이러한 가운데 저자가 설명하는 '하나님 나라' 관점은 길을 잃지 않고 성경을 통전적으로 이해시켜 주는 내비게이션이 됩니다. 본서에서 저자가 안내하는 방식에 따라 창세기를 읽다 보면 창세기뿐만 아니라 성경 전반에 대한 이해의 폭을 넓힐 수 있으리라 확신합니다.

김경식 | 감리교신학대학교 객원교수

머리말

본서는 필자가 계획하고 있는 성경 66권에 대한 '적용적 주해와 설교'의 다섯 번째 책입니다. 요한계시록을 시작으로 마태복음, 로마서, 아가서 등 네 권의 주해서가 발간되었습니다. 적용적 주해와 설교라고 명명한 데에는 본서가 주해에만 머무르지 않고 주해를 통한 설교적 적용과 삶의 적용을 목적으로 하고 있기 때문입니다. 그래서 적용을 의미하는 '애플리케이션(application)'과 주해를 의미하는 '엑스포지션(exposition)'을 합성한 '애플리포지션(appliposition)'이라는 조어를 붙였습니다.

주해의 목적이 본문의 의도를 정확히 밝혀내어 설교를 돕기 위함이라면, 모든 설교는 적용을 향해 달려가야 합니다. 말씀을 듣는 성도들의 삶을 변화시키기 위해서는 적용의 중요성을 아무리 강조해도 지나치지 않을 것입니다. 유명한 설교학자인 시드니 그레이다누스(Sidney Greidanus)는 "설교자는 주해할 때부터 적용을 염두에 두고 해야 한다."라고 말하였습니다.[1] 적용이 그만큼 중요합니다. 또한 적용이 제대로 되기 위해서는 정확한 주해가 필수적입니다.

본서는 필자의 「하나님 나라 성경 세미나-창세기」 강의를 녹취한 내용

---

1 이우제, "Sidney Greidanus의 설교 연구: 현대설교의 한계를 극복하는 대안을 중심으로", 「복음과 실천신학」 제27권, 2013 봄호, p. 356에서 재인용.

을 기초로 하였습니다. 구어체를 문어체로 바꾸는 과정에서 수정 작업을 거치고 내용을 대폭 보완하였습니다.

「하나님 나라 성경 세미나」는 전국의 많은 목회자와 성도들이 대전과 서울에서 한 달에 한 번씩 모여 이틀 동안 성경 66권을 한 권씩 공부하는 성경 연구 모임입니다. 필자는 성경 66권을 한 권도 빠짐없이 연구하여 설교와 삶에 적용하고자 하는 목표를 가지고 있습니다.

본서의 특징

첫째로, 히브리식 문장 구조인 '키아즘(Chiasm)'을 통해 신비로운 창세기의 구조를 밝혀 구조에 담긴 하나님의 의도를 드러내고자 하였습니다. 구조에도 메시지가 있기 때문입니다.

둘째로, 성경의 절대 주제인 하나님 나라^(왕, 땅, 백성)의 관점에서 창세기를 살펴보았습니다. 성경은 아무렇게나 쓰인 책이 아닙니다. 성경 66권 전체가 하나님 나라를 말하며, 특히 창세기는 '하나님 나라의 시작'을 알리는 책입니다. 하나님께서 우주 만물과 시간과 공간, 역사와 사람을 창조하신 이유도 하나님 나라를 시작하시기 위함입니다. 이렇게 하나님 나라의 관점을 가져야 성경이 제대로 보이게 됩니다. 그렇지 않으면 성경의 통일성과 유기성에 눈을 뜨지 못하고, 따라서 우리의 신앙도 지극히 개인적 축복에만 국한되는 한계를 지니게 되는 것입니다.

셋째로, 하나님 나라의 동역자들에 대하여 초점을 맞추었습니다. 하나님 나라는 반드시 하나님 나라의 동역자들을 통해 세워집니다. 하나님은 홀로 모든 것을 이루실 능력이 있지만, 그렇게 하지 않으십니다. 그 과정에서 (하나님은) 반드시 하나님 나라의 동역자들을 부르시고, 그들을 친히 빚어가면서 동역하게 하십니다.

그러므로 성경을 볼 때 '하나님 나라의 시작과 완성'이라는 관점 위에 '동역자를 부르심과 빚으심 그리고 사명'이라는 관점을 더한다면, 성경 해석이 풍성해지고, 구원 받은 성도들의 삶의 의미와 목적이 더욱 분명해집니다.

넷째로, 앞에서 이미 밝힌 것처럼 본서는 설교적 적용과 삶의 적용에 중점을 두었습니다.

마지막으로, 창세기 본문을 강해하기 전에 먼저 '성경을 보는 눈'에 대해 강의했습니다. 성경을 수십 번 혹은 수백 번을 읽어도 성경의 의미가 열리지 않는 것은 성경을 보는 눈에 대한 이해가 없어서라고 생각하기 때문입니다. 그래서 성경을 어떻게 봐야 하는지에 대한 성경 해석적 접근을 먼저 하였음을 미리 밝혀 둡니다.

필자가 어려울 때마다 늘 곁에서 위로가 되어 주며 인생길의 벗이 되어 준 아내와 아들 은찬, 은혁, 필자를 낳아 주시고 목회자가 되기까지 기도해 주신 부모님 유백현 장로님과 김명자 권사님, 응원해 주신 형제들, 그리고 무엇보다도 개척 때부터 지금까지 부족한 목회자인 저를 품어 주시고 어려운 고비마다 아픔과 기쁨을 함께한 세종그나라교회의 사랑하는 모든 성도들께 진심으로 감사를 드립니다.

또한 그동안 필자의 강의에 참석해 성경의 진리 앞에서 함께 웃고 울었던 전국의 많은 목회자님께도 진심으로 감사드립니다. 아무쪼록 본서를 통해 창세기의 말씀이 살아서 움직이는 은혜가 있기를, 목회와 신앙, 교회를 새롭게 하는 하나님의 도구로 쓰임 받기를 기도합니다.

2024년 3월
유석영

차례

서론 1

성경을 보는 눈

성경을 수십 번, 수백 번을 읽어도 좀처럼 이해가 안 되고 어렵게만 느껴지는 이유는 성경을 보는 관점을 모르기 때문입니다. 필자는 성경을 연구하면서 그 뜻을 밝히 알기를 갈망하는 분들을 위해 실제적인 성경 해석 방법론을 제시하고자 합니다. 신학교에서 해석학과 비평학을 공부했지만, 여전히 고민하고 있는 현장 설교자들과 말씀을 더 깊이 이해하려는 분들을 위해 이 글을 쓰게 되었습니다. 이에 대한 자세한 설명은 필자의 『한눈에 보는 성경 관통 1: 구약편 창세기-에스더』를 참고하시면 좋겠습니다.

1. 전체 구조를 파악하라: 숲 보기

성경을 볼 때 성경의 큰 숲인 전체 구조를 먼저 봐야 합니다. 각 권의 전체 구조인 큰 숲을 파악하는 방법으로 대부분 주석은 주제별(내용별) 구조나 지리적 구조를 제시합니다. 예를 들어, 마태복음의 주제를 '하나님 나라의 왕이신 예수 그리스도'로 보고 마태복음 1장부터 28장까지 왕이라는 주제로 구조를 짜는 것이 그 예가 됩니다. 또한 지리적 구조에 대해서는 사도행전이 대표적입니다. 사도행전 1~8장은 예루살렘과 유대까지의 복음화,

9~12장은 사마리아와 수리아 안디옥까지의 복음화, 13~28장까지는 땅 끝까지의 복음화로 구조를 짤 수 있는 것입니다.

이처럼 주제별 구조나 지리적 구조도 전체 구조를 보는 유용한 도구이긴 합니다. 그러나 전체 구조를 보다 효과적으로 볼 때 정말 유용한 도구는 히브리식 문장 구조인 키아즘이라고 생각합니다. 키아즘은 히브리 사람들의 문장 구성 방식을 말하는 것으로 흔히 대칭 순환(병행) 구조, 혹은 교차 대구법이라고 하는 것입니다. 저자가 가장 강조하고 싶은 중심 메시지를 중심축(pivot, axis)으로 하여 앞뒤로 논리를 보강시키는 구조를 가리킵니다.

예를 들어, 마태복음을 키아즘 구조로 보면, 마태복음은 13개의 덩어리로 구성되어 있다고 할 수 있습니다. 마태복음은 5개의 설교와 8개의 예수의 행적으로 이루어져 있으며, 그 중심은 13장입니다.[2]

a 하나님 나라의 사역 준비-임마누엘 (1~3장)
 b 하나님 나라의 사역 개시 (4장)
  c 하나님 나라의 본질과 삶-산상설교 (5~7장)
   d 하나님 나라의 도래 결과-10개 기적 (8~9장)
    e 하나님 나라의 일꾼 파송 설교 (10장)
     f 하나님 나라의 배척 (11~12장)
      g 하나님 나라의 비유 8개-중심 메시지 (13장)
     f′ 하나님 나라의 배척 심화 (14~17장)
    e′ 하나님 나라의 큰 자 (18~20장)
   d′ 하나님 나라의 적대자들, 예루살렘 성 입성 (21~23장)
  c′ 하나님 나라 백성의 종말론적 삶의 자세 (24~25장)
 b′ 하나님 나라의 사역 완성-십자가 죽음과 부활(26장~28장 15절)
a′ 하나님 나라의 사역 위임-임마누엘 (28장 15~20절)

---

2 마태복음의 키아즘 구조를 더 자세히 알고 싶으면 필자의 마태복음 강해 『포기하지 않는 하나님의 사랑』(경기: 목양, 2016)을 참조하라.

마태복음을 키아즘 구조로 분석하면 하나님 나라의 비유 8개가 나오는 마태복음 13장이 중심축이 됩니다. 이것은 마태복음의 중심 주제가 하나님 나라임을 말합니다. 마태는 예수 그리스도를 하나님 나라를 세우러 오신 왕으로 이야기합니다. 이제 요한계시록을 키아즘 구조로 분석해 봅시다.

요한계시록의 키아즘 구조[3]

A 1:1~8: 서언
　B 1:9~20: 그리스도의 영광
　　C 2~3장: 일곱 교회의 칭찬, 책망, 이기는 자의 상
　　D 4~19장
　　　a 4~5장: 하나님과 어린양 보좌
　　　b 6장: 여섯 봉인 심판
　　　c 7장: 중간계시(1): 144,000명
　　　d 8~9장: 여섯 나팔 심판
　　　e 10장~11:14-중간계시(2): 두루마리와 두 증인
　　　f 11:15-19: 세상 나라가 주와 그리스노의 나라로 바뀜, 예수의 왕 노릇
　　　e′ 12~14장: 중간계시 (3)
　　　　: 용 vs 여자와 아이 (12장)
　　　　: 두 짐승 (13장)
　　　　: 어린양과 144,000, 두 가지 추수 (14장)
　　　d′ 15~16장: 일곱 대접 심판
　　　c′ 17~18장: 큰 성(음녀) 바벨론 심판
　　　b′ 19:1~: 그리스도의 재림 심판
　　　a′ 19장: 두 짐승 심판
　　C′ 20~21:8: 용과 불신자 심판
　B′ 21:9~22:5: 어린양의 신부(교회)의 영광
A′ 결어

3　요한계시록의 구조에 대한 자세한 설명은 『하나님 나라로 본 요한계시록: 승리한 어린양의 신부』(경기: 목양, 2022)를 참조하라.

요한계시록을 키아즘 구조로 분석하면 중심축은 D 파트인 4~19장입니다. 또다시 D를 키아즘으로 분석하면 그 중심축은 f$^{(11:15-19)}$입니다. 요한계시록 11장 15~19절의 핵심 내용은 '세상 나라가 주와 그리스도의 나라가 되어 그리스도가 세세토록 왕 노릇하심'입니다. 그러므로 요한계시록의 핵심 주제는 예수 그리스도의 승리와 왕 노릇을 통해 이루어질 하나님 나라의 완성입니다.

2. 부분 구조를 살펴보라: 나무 보기

성경을 연구할 때 본문의 단어나 구절을 살피기 전에 더 중요한 것은 단락의 맥을 꼭 살펴보아야 한다는 것입니다. 단락과 본문들이 다 연결이 되어야 부분 구조가 뚫리기 때문입니다.

먼저 김상훈 교수의 글을 읽어보도록 합시다.

한 단락을 다른 단락과의 연계 속에서 파악하는 것이다. 단락을 배열한 저자의 의도와 다른 단락 간의 네트워크에 주목하는 해설이다. 하나의 단락은 동떨어진 것이 아니라 의도가 있어서 묶은 것이다. 이것들을 찾아내야 한다. 그 이유를 찾는 것이 저자의 의도를 이해하는 것이 된다.

하나의 단락에 주목하면서, 동시에 그 단락을 넘어서는 의미의 네트워크를 파악해 낼 수 있는 해석의 눈을 기르는 데 도움이 될 것이다. 또한 단편적 해석의 한계를 넘어서는 일이 될 것이다. 흔히 나무를 본다는 것을 한 구절이나 한 단어를 보는 것으로 말하지만 그보다 더 중요한 것이 있다. 그것은 각 단락(본문)을 하나의 흐름으로 보고 의미의 네트워크를 발견해 가는 것이다. 이것은 매우 중

요한 것이다.[4]

요한계시록 10~12장의 단락의 맥

A 두루마리 환상 (10장)
B 성전 측량 환상 (11:1-2)
C 두 증인 환상 (11:3-14)
D 언약궤 환상 (11:19)
E 여자와 용과의 싸움 (12장)

요한계시록 10장에서 주님은 사도 요한에게 작은 두루마리를 먹으라고 말씀하십니다. 그리고 11장에는 세 환상이 나오는데 첫째는 성전 측량 환상이며, 그다음은 교회를 상징하는 두 증인, 세 번째는 지성소 안에 있는 언약궤 환상입니다. 12장에 가면 사탄을 상징하는 용과 교회를 상징하는 여자가 싸우게 되는데, 이 다섯 가지 환상의 순서 배열을 통해서 성령님께서 말하고 싶은 것이 있습니다.

두루마리를 먹으라는 것은 두 증인을 상징하고 있는 교회가 복음 전도의 사명을 감당하기 위해서 먼저 복음을 먹어야 함을 의미합니다. 복음의 증인은 복음의 말씀으로 먼저 채워져야 합니다. 복음의 증인은 말씀의 단맛에 감격하는 경험이 반드시 있어야 합니다.

그다음은 성전 측량 환상입니다. '측량하다'라는 단어는 헬라어로 '메트레오(μετρέω)'이며, '재다, 보호하다'라는 뜻으로 '무엇인가를 보호하기 위해 잰다'라는 의미가 있습니다. 그런데 성전 안은 측량하라고 하면서 성전 바

---

4   김상훈, 『숲의 해석』(서울: 총신대학교출판부, 2012), pp. 7-9.

깥마당은 측량하지 말라고 하십니다. 성령께서 왜 성전 바깥마당은 측량하지 말라고 하셨을까요? 이 환상에 대한 해석은 쉽지 않지만, 두 가지 해석을 소개해 보겠습니다.

첫 번째는, 마지막 때에 하나님께서 참 교회들은 보호하실 것이지만, 하나님께서 인정하지 않는 거짓 교회들은 보호하시지 않을 것이라고 해석하는 것입니다.

또 다른 해석은, 성전 안쪽 측량은 하나님께서 백성들의 신분과 운명과 위치를 보호하시되, 성전 바깥마당을 측량하지 않는 것은 하나님 백성의 외적인 삶은 대적자들에 의해 고난을 당하도록 환난 가운데 두실 것이라고 해석하는 것입니다.

필자가 보기에 이 두 번째 해석은 요한계시록 전체의 흐름과도 일치합니다. 성경 전체에는 성도가 대 환난 전에 휴거 된다는 개념이 없습니다. 하나님의 백성들을 환난에서 면제해 주신다는 개념도 없습니다. 오히려 환난을 통해 그리스도의 신부답게 빚어 가시는 것이 하나님의 목적이라고 성경은 말합니다. 그러므로 성전 측량 단락과 두 증인의 환상 단락이 연결되는 것은 매우 자연스럽습니다. 두 증인은 복음을 전하다가 세상의 미움을 받아 결국 순교하는데, 하나님은 두 증인을 다시 살리십니다. 다시 말해서 하나님은 두 증인의 신분과 운명을 완벽하게 보호하십니다.

그러면 성전 언약궤 환상의 의미는 무엇일까요? 언약궤 환상 뒤에는 교회를 상징하는 여인과 사탄을 상징하는 용과의 싸움이 이어집니다. 하나님은 이 두 증인이 용과 싸워야 하는 장면 앞에서 언약궤를 보이십니다. 교회와 사탄과의 싸움 전에 하나님의 임재를 상징하는 언약궤를 보이신 것은, 용의 세력이 아무리 강력해도 두려워하지 말라고 말씀하시려는 의도로 보입니다. 구약에서 언약궤가 가는 곳마다 승리가 있었던 것처럼 마지막 때에 용과의 싸움에서도 교회는 반드시 승리하게 될 것임을 말하는 것입니다.

우리는 성경을 볼 때 전체 구조와 부분 구조를 살펴보아야 하고, 그다음 절과 단어로 들어가야 합니다. 요한계시록에 대한 더 자세한 내용은 필자의 『하나님 나라로 본 요한계시록: 승리한 어린양의 신부』를 참고하세요.

3. 원독자 관점으로 읽어라

성경을 더 잘 이해하기 위해서는 원독자들의 삶의 정황을 잘 알아야 합니다. 다시 말해서, 1차 저자가 1차 독자들에게 의도했던 바(original intention)가 무엇인지를 먼저 파악해야 본문이 의도하는 오늘의 의미를 잘 찾아낼 수 있는 것입니다.

요한계시록의 역사적 배경 이해의 중요성: 원독자의 관점

'주 하나님'에 대한 이해

요한계시록의 배경 시기는 도미티아누스(Domitianus) 황제의 집권기입니다. 도미티아누스 황제는 로마의 11대 황제로, A.D. 81년에 집권해서 A.D. 96년까지 다스렸습니다. 요한계시록은 주후 94년, 95년경에 기록되었을 것으로 봅니다.

역사적으로 볼 때 60명 정도의 로마 황제들 가운데 기독교를 극심하게 핍박했던 황제들은 10명 정도이며, 이것을 기독교 10대 박해라고 합니다.

또한 로마 황제 60명 중에 신격화된 황제가 36명쯤 되는데, 일반적으로 황제가 신격화되는 것은 황제의 사후 그 아들이 자기 아버지를 신으로 추

앙하기 때문이었습니다. 그런데 자신이 살아 있을 때 스스로 신격화시켰던 황제가 세 사람 있는데, 3대 칼리굴라(Caligula), 5대 황제 네로(Nero), 11대 황제 도미티아누스였습니다. 그리고 그중에서도 베드로와 사도 바울을 죽였던 5대 황제 네로와 요한계시록의 시대적 배경이 되는 11대 황제인 도미티아누스 황제는 악명 높은 황제들이었습니다.

요한계시록은 도미티아누스의 신격화가 가장 극심했던 때 기록되었습니다. 황제를 떠받들던 이런 상황에서 황제 숭배를 거부한 유일한 집단인 교회가 당한 핍박은 상상을 초월하는 것이었습니다.

이렇게 원독자의 상황을 이해하는 것은 요한계시록을 이해하는 데 필수적입니다.

요한계시록에 나오는 표현들도 그 당시의 황제 숭배와 관련되어 있습니다. 요한계시록 본문 안에는 '주 하나님'이라는 표현이 많이 나옵니다. 이십사 장로들과 천사들도 의도적으로 하나님을 '주 하나님'이라고 찬양합니다.(4~5장) 당시의 사람들은 경제적 활동을 하며 먹고 살아남기 위해서 '길드'라는 상업 조직에 가입해야 했으며, 그리스 로마 신들에게 제사를 하고, 무엇보다도 도미티아누스 황제를 '주와 하나님'이라고 고백해야 했습니다. 그렇지 않으면 경제 활동을 할 수 없었을 뿐 아니라 심지어 죽임을 당하기도 했습니다. 그런데 사도 요한은 이십사 장로들의 찬양을 통해 이 고백은 오직 '하나님과 어린양이신 예수 그리스도만이 받아야 함'을 나타내고 있는 것입니다.

버가모 교회의 '흰 돌'

요한계시록 2~3장의 이기는 자들에게 주시겠다는 일곱 교회를 향한 약속도 원독자의 관점에서 봐야 이해가 됩니다. 일곱 교회마다 이기는 자에게 주시겠다는 주님의 약속이 다 다릅니다. 이 일곱 개의 약속은 이기는 자에게 주시는 예수 그리스도의 영생을 다양하게 표현한 것입니다.

버가모 교회를 향한 약속인 '이기는 자에게 흰 돌'을 주시겠다는 것도 1세기 당시의 도시 버가모의 재판 문화를 알아야 이해가 가능합니다. 당시 버가모 도시에서는 재판의 최종 판결 시에 무죄를 선언하면서 흰 돌을 던졌습니다. 이런 문화적 배경을 잘 아시는 성령께서는 끝까지 믿음을 지키고 승리한 성도들에게 종말의 하늘 법정에서 무죄를 선언하시며 의인이라 인정하실 것을 예고하면서 흰 돌을 주시겠다고 말씀하시는 것입니다.

마태복음의 원독자 관점: 메시아의 4대 조건

마태복음을 잘 이해하려면 이스라엘 백성에게 메시아가 될 수 있는 '메시아의 4대 조건'을 알아야 합니다.

첫 번째, 메시아는 '다윗의 자손'으로 와야 한다는 것입니다. 그래서 마태복음 1장부터 족보가 등장하는 것이고, '다윗의 자손'이란 표현이 마태복음에서 10번이나 나오는 것입니다.

두 번째, 메시아는 반드시 '모세와 같은 선지자'여야 한다는 것입니다. 신명기 18장을 보면 훗날 '나와 같은 선지자'가 일어날 것인데, 그의 말을 청종하라고 예언합니다. 마태복음 17장의 변화산에서 하나님께서 제자들에게 '그(예수님)의 말을 청종하라'라고 했을 때 이는 그냥 하신 말씀이 아닙니다. 신명기 18장에 나오는 '나와 같은 선지자', 그 메시아의 말을 청종하라고 했던 것이 그대로 성취된 것입니다. 예수님이 모세처럼 애굽에 갔다 나오시고, 광야 시험을 겪으신 것도 모두 이런 이유에서입니다. 마태복음 8장과 9장에 예수님이 열 가지 기적을 일으키는 것도 출애굽 시 열 가지 재앙을 일으켰던 모세를 연상케 함으로써 예수님을 새 출애굽을 이끄는 새 모세로 등장시키고 있는 것입니다.

세 번째, 메시아가 오시기 전에 '엘리야의 사역'이 있어야 한다는 것입니다. 엘리야를 상징하는 세(침)례 요한이 마태복음 3장에 등장하고, 4장부터 예수님의 사역이 시작됩니다.

네 번째, '메시아 치유 사역'이 있어야 한다는 것입니다. 메시아가 치유하는 질병의 종류가 이사야 35장 6절의 말씀에 나오는데, 그중의 하나가 소경을 치유하는 것입니다. 사복음서에서 그토록 자주 소경 치유 사건을 소개하는 것도 다 이유가 있는 것입니다.

4. 문법적으로 관찰하라

성경을 연구할 때 해당 본문의 문법적 연구는 필수입니다. 최소한의 단어 연구나, 용례, 동사의 시제와 태에 대한 관찰은 본문의 의미와 저자의 의도를 파악하는데 매우 유용합니다. 이는 설교자에게는 필수입니다.

예를 들어, 마태복음 4장의 예수님의 선포 "천국이 가까이 왔느니라"에서 '가까이 왔다'는 현재완료형으로, 이는 이미 하나님 나라와 통치가 임하였고, 그 영향력과 결과가 지금도 오늘날까지 계속되고 있다는 것을 의미합니다. 하나님 나라가 예수 그리스도의 재림 때 임하는 것이 아니며, 하나님의 통치가 이미 임하였음을 말해 주고 있는 것입니다. 이는 많은 논란이 되고 있는 요한계시록 20장의 천년왕국이 미래적 사건인지, 현재적 사건인지 알 수 있는 기준이 되는 것입니다.

또한 요한계시록 2장에서 주님이 에베소 교회에게 하시는 말씀 중에 "오른손에 있는 일곱 별을 붙잡고"에서 '붙잡다'는 '크라톤(κρατῶν)'으로 현재형입니다. 이 단어는 '단순히 잡다'라는 것이 아니고, '한 번 붙잡으면 놓지 않고 계속해서 붙잡고 있다'는 뜻입니다. 그런데 더 재미있는 것은 버가모 교회를 향한 주님의 책망 중에서 "발람의 교훈을 지키는 자들" "니골라 당의 교훈을 지키는 자들"이라는 표현의 '지키다'도 '크라톤'으로 쓰였다는 것입니다. 우리는 동사의 시제를 통해서 버가모 교회가 얼마나 세상 가치를 붙들고 놓지 않았는지를 알 수 있게 됩니다. 이렇듯 문법적 · 원어적 연구는 성경 해석을 위해 필수적입니다.

5. 성령님의 조명하심을 위해 기도하라

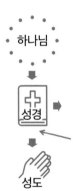

① 성령님의 감동으로 성경 기자들이 하나님의 의도를 기록하였습니다.

② 성령님께서 조명해 주셔야 하나님의 의도를 깨달을 수 있습니다.

③ 그래서 성령님의 조명의 은혜를 구하는 기도가 없으면 말씀이 깨달아질 수 없는 것입니다.

이로 말미암아 주 예수 안에서 너희 믿음과 모든 성도를 향한 사랑을 나도 듣고 내가 기도할 때에 기억하며 너희로 말미암아 감사하기를 그치지 아니하고 우리 주 예수 그리스도의 하나님, 영광의 아버지께서 지혜와 계시의 영을 너희에게 주사 하나님을 알게 하시고 너희 마음의 눈을 밝히사 그의 부르심의 소망이 무엇이며 성도 안에서 그 기업의 영광의 풍성함이 무엇이며 그의 힘의 위력으로 역사하심을 따라 믿는 우리에게 베푸신 능력의 지극히 크심이 어떠한 것을 너희로 알게 하시기를 구하노라 (엡 1:15-19)

바울은 하나님께서 지혜와 계시의 성령을 우리에게 주셔야 우리가 하나님을 알고 우리의 영적인 눈이 밝혀진다고 말합니다. 성령께서 임하시면 하나님을 알게 하십니다. 성령께서 오시면 하나님이 어떤 분이신가를 우리에게 가르치시며 우리를 진리 가운데로 인도하십니다.

내가 아버지께 구하겠으니 그가 또 다른 보혜사를 너희에게 주사 영원토록 너희와 함께 있게 하리니 그는 진리의 영이라 세상은 능히 그를 받지 못하나니 이는 그를 보지도 못하고 알지도 못함이라 그러나 너희는 그를 아나니 그는 너희와 함께 거하심이요 또 너희 속에 계시겠음이라 (요 14:16-17)

보혜사 곧 아버지께서 내 이름으로 보내실 성령 그가 너희에게 모든 것을 가르치고 내가 너희에게 말한 모든 것을 생각나게 하리라 (요 14:26)

그러나 진리의 성령이 오시면 그가 너희를 모든 진리 가운데로 인도하시리니 그가 스스로 말하지 않고 오직 들은 것을 말하며 장래 일을 너희에게 알리시리라 (요 16:13)

성령은 진리의 영이십니다. 성령은 기본적으로 우리를 진리로 이끌어 주십니다. 성령은 성경 말씀의 의미를 가르치시고 우리로 하여금 깨닫게 하시는 분이십니다. 그러므로 성경을 연구할 때, 우리는 성령님을 철저히 의지해야만 합니다.

성경을 한 권처럼 보는 방법: 하나님 나라(왕, 땅, 백성)의 관점으로

1. 성경의 중심 주제는 하나님 나라다

성경은 66권으로 구성되어 있습니다. 그러나 '하나님 나라'라는 관점으로 보면 성경 66권은 한 권이며 유기적이며 통일성 있는 드라마와 같습니다. 이것을 '한 권의 신학'이라고 말합니다.

성경은 1,600년 동안 40여 명의 저자들을 통해 기록되었지만, 40여 명 안에 역사하신 성령님은 동일하신 한 분이기 때문에 내용은 하나의 주제로 연결될 수밖에 없습니다. 그리고 그 주제는 하나님 나라입니다.

그동안 성경을 한 권의 책으로 봐야 한다는 이론은 수도 없이 많이 나왔지만, 성경 66권의 '하나님 나라의 시작과 완성'이라는 주제를 실제로 한 권처럼 유기적으로, 통전적으로 보게 하는 책은 거의 없었습니다.

성경 66권을 통일성 있게 유기적으로 연결하지 못하고 창세기 따로, 출애굽기 따로, 각 권을 이렇게 따로따로 읽기 때문에 성경 이야기의 흐름을 서로 연결시키지 못하고 있는 것입니다. 다섯 권으로 구분된 오경일지라도 각 권의 내용은 일관된 분명한 목적을 가지며 통일성이 있습니다. 성경을 퍼즐의 조각처럼 나누어 버리면 안 되는 것입니다. 모세오경은 한 저자가

통일성과 일관성을 가지고 자신의 메시지를 전하기 위해 의도적으로 기록한 것입니다.[5]

　필자는 간단하게나마 성경 66권을 어떻게 한 권처럼 통전적으로 볼 수 있는지 창세기부터 여호수아까지 6권을 가지고 증명하고자 합니다.[6]

2. 창세기~여호수아에 나타난 하나님 나라

　성경 66권을 한 권으로 보기 위해서 먼저 창세기부터 여호수아까지의 6권을 한 권으로 보고, 이 6권에 나타난 하나님 나라의 형성 과정을 간략하게 유기적으로 연결하여 설명해 보려고 합니다.

하나님 나라의 3요소: 왕, 땅, 백성

　나라가 성립되려면 국민, 주권, 영토의 3요소가 있어야 합니다. 성경에서는 국민을 백성, 영토는 땅, 주권은 왕이라는 개념으로 묘사하고 있습니다. 이것이 하나님 나라의 3요소입니다. 성경은 창세기에서 시작된 하나님 나라가 요한계시록에 어떻게 완성될 것인지를 말하고 있습니다.

5　기동연, 『창조부터 바벨까지』(서울: 생명의양식, 2009), p. 14.
6　성경 66권을 한 권처럼 보는 방법에 대한 자세한 설명은 필자의 『한눈에 보는 성경관통 1: 구약편 창세기-에스더』를 참고하라.

3. 창세기: 하나님 나라의 시작과 무너짐

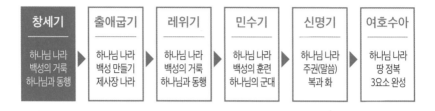

창세기의 핵심 주제는 하나님 나라의 시작입니다. 메러디스 클라인(Meredith Kline)은 창세기를 '하나님 나라의 서막'이라고 했습니다.[7] 하나님 나라의 최초의 모형인 에덴동산에는 하나님 나라의 3요소인 '왕, 땅, 백성'이 조화를 이루고 있었습니다.

하나님 나라에는 축복의 시스템이 있습니다. 왕이신 하나님은 백성에게 법을 요구하시고(선악과 금지 명령), 사람은 왕이신 하나님께 순종을 드립니다. 그리고 하나님께서 축복을 주시면 땅이 소출을 내는 구조를 가지고 있습니다. 그런데 하나님께서 명령하신 법에 순종하지 못하면 그 땅이 백성에게 소출을 내지 못하게 됩니다. 그러므로 하나님 나라에서 제일 중요한 것은 왕권입니다. 그 땅의 백성이 하나님께 순종하는지, 불순종하는지에 따라 하나님 나라가 유지되기도 하고 무너지기도 하는 것입니다.

아담의 선악과 범죄로 하나님 나라가 일시적으로 무너졌지만, 하나님은 포기하지 않으시고 다시 시작하십니다. 그래서 노아를 부르시는데, 노아도 실패합니다. 그러자 다시 아브라함, 이삭, 야곱, 요셉 등을 부르십니다. 이들처럼 하나님 나라를 재건하기 위해 부르셔서 언약을 맺은 자들을 필자는

---

7 기동연, 『창조부터 바벨까지』(서울: 생명의양식, 2009), p. 33.

'하나님 나라의 동역자'라고 부르기를 원합니다. 로마서에서 바울은 이들을 '상속자'라고 표현하고 있으며, 학자들은 이들을 '대리 통치자'라고 부르기도 합니다.

창세기의 마지막 부분은 출애굽기, 민수기, 여호수아서의 내용을 예고합니다.

> 요셉이 그의 형제들에게 이르되 나는 죽을 것이나 하나님이 당신들을 돌보시고 당신들을 이 땅에서 인도하여(출애굽기) 내사 아브라함과 이삭과 야곱에게 맹세하신 땅에 이르게 하시리라(민수기, 신명기, 여호수아) 하고 (창 50:24)

4. 출애굽기: 하나님 나라 백성 만들기

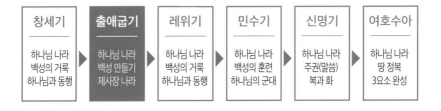

창세기에서 하나님 나라가 시작되었다면 출애굽기의 핵심 주제는 '하나님 나라의 백성을 만드심'입니다.

요셉의 초청으로 애굽으로 내려간 야곱과 그의 후손들 70명은 고센 땅에 정착한 후 하나님의 은혜로 번성하게 됩니다. 그리고 시간이 흘러 요셉을 모르는 새로운 바로 왕이 이스라엘 사람들을 노예로 삼아 핍박하기 시작했습니다. 그리고 하나님은 당신의 백성을 만들기 위해서 하나님 나라의 동역자인 모세를 보내어 이스라엘 백성을 구원하십니다. 하나님께서는 아브라함에게 하신 약속을 이루십니다. 그리고 애굽 신들을 향한 열 가지 재앙 심판이 임합니다.[8]

또한 홍해를 건너기 전에 어린양의 피 사건이 있는데, 이는 예수 그리스도를 상징합니다. 그리고 하나님은 홍해 도하를 통해 이스라엘을 애굽 왕 바로의 손으로부터 구원해 내십니다.

이 사건을 신약에서 바울은 "모세에게 속하여 다 구름과 바다에서 세(침)례를 받고"(고전 10:2)라고 표현하는데, 바울은 이 홍해 도하 사건을 예수께 속하여 죽고 살아날 세(침)례 사건으로 풀고 있는 것입니다.

이렇게 만들어진 하나님 나라의 백성을 하나님은 시내산으로 인도하시고 '하나님 나라 백성의 3대 정체성과 사명'을 선포하시며 율법을 허락하십니다. 하나님 나라 백성의 3대 정체성과 사명은 '나의 소유, 제사장 나라, 거룩한 백성'입니다. 하나님이 당신의 백성을 애굽에서 구원하신 진정한 목저은 이 3대 정체성과 사명 때문인 것입니다.

3대 정체성과 사명 중 첫 번째는 '나의 소유'입니다.

'소유'는 히브리어로 '세굴라(סְגֻלָּה)'인데 이는 '최고의 보물'을 가리킵니다. 그런데 하나님께서 이스라엘 민족을 향해 '최고의 보물'이라고 하신 이유는 무엇일까요? 그것은 제사장 나라인 이스라엘을 통해서만 열방과 죄인들이 하나님께 나올 수 있으며, 또한 하나님께서 죄인에게 다가가실 수

---

8 출애굽기의 열 가지 재앙이 요한계시록의 나팔 재앙과 대접 재앙에서 그대로 반복되고 있다. 요한계시록에 나오는 재앙들은 출애굽의 재앙 이미지를 그대로 가지고 왔기 때문에 출애굽기의 열 가지 재앙을 잘 이해해야 요한계시록에 나타난 재앙들의 의미를 알 수 있다. 즉, 구약을 알아야 신약이 열리는 것이다. 이에 관해서는 필자의『하나님 나라로 본 요한계시록: 승리한 어린양의 신부』를 참고하라.

있기 때문입니다. 그러므로 제사장 나라인 이스라엘은 하나님 앞에 '세굴라', 즉 최고의 보물일 수밖에 없는 것입니다.

두 번째와 세 번째 정체성은 제사장 나라와 거룩한 백성입니다. 하나님께서 이스라엘에게 거룩을 요구하신 이유는 바로 제사장 나라 사명 때문입니다. 하나님께서 이스라엘을 하나님 백성으로 만드신 이유는, 이스라엘이 제사장 나라가 되어 이들의 삶을 통해서 하나님을 드러내고 이방과 열방을 하나님께 불러들이도록 하기 위한 것입니다.

그리고 그 일을 위해서 이스라엘은 거룩해야 했습니다. 하나님께서 거룩하신 것처럼 하나님을 드러내야 할 통로가 거룩해야 했던 것입니다. 그래야 하나님을 드러낼 수가 있습니다.

누군가가 저에게 구약에서 가장 중요한 두 구절을 꼽으라고 한다면 저는 창세기 3장 15절의 여자 후손 언약과 출애굽기 19장 5~6절이라고 말할 것입니다.

출애굽기 19장 5~6절은 선지서 17권을 풀어 가는 핵심 구절입니다. 선지서 17권에서 16명의 선지자들이 북왕국 이스라엘과 남왕국 유다를 그렇게도 혹독하게 책망하는 이유는, 그들이 이 3대 사명에 실패했기 때문입니다. 하나님께서 이스라엘 백성을 제사장 나라로 세우신 것은 이스라엘 자체만의 왕국을 세우려는 것이 아니었습니다. 이스라엘을 통해 이방과 열방을 하나님께 불러들이려는 것이 하나님의 목적이었습니다. 그런데 그들은 하나님 백성의 역할을 감당하지 못했고, 바로 그 이유 때문에 책망을 받았던 것입니다. 이 3대 정체성과 사명은 성경 66권의 핵심 개념이며, 하나님 나라 백성의 삶의 의미와 목적이라고 할 수 있습니다.

5. 레위기: 하나님 나라 백성의 거룩

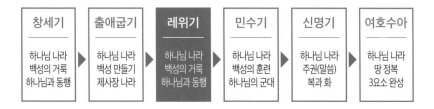

창세기	출애굽기	레위기	민수기	신명기	여호수아
하나님 나라 백성의 거룩 하나님과 동행	하나님 나라 백성 만들기 제사장 나라	하나님 나라 백성의 거룩 하나님과 동행	하나님 나라 백성의 훈련 하나님의 군대	하나님 나라 주권(말씀) 복과 화	하나님 나라 땅 정복 3요소 완성

레위기는 이스라엘이 시내산에서 1년간 머물고 있을 때 주신 법입니다. 출애굽기에서 하나님의 백성을 만들었다면, 레위기는 하나님의 백성들에게 거룩을 요구합니다. 레위기에 나오는 5대 제사, 7대 절기, 정결법, 사회법 등의 각종 규례들을 통해서 하나님께서 요구하시는 것은 바로 '거룩'입니다.

그런데 레위기에서는 왜 거룩을 요구하고 있을까요? 출애굽기에서 하나님 백성을 만드신 목적은 '제사장 나라'이며, 그 제사장 나라의 통로를 통해서 거룩하신 하나님을 흘려보내야 하므로 이스라엘은 거룩해야 합니다. 그래서 레위기에서는 '거룩을 어떻게 이루어야 하는가' 하는 것이 중요한 주제가 되는 것입니다. 제사장 나라인 이스라엘 백성의 가장 중요한 사명은 거룩하신 하나님께 예배하며 교제하는 것입니다.

6. 민수기: 하나님 나라 백성의 군사 훈련

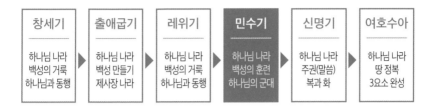

창세기	출애굽기	레위기	민수기	신명기	여호수아
하나님 나라 백성의 거룩 하나님과 동행	하나님 나라 백성 만들기 제사장 나라	하나님 나라 백성의 거룩 하나님과 동행	하나님 나라 백성의 훈련 하나님의 군대	하나님 나라 주권(말씀) 복과 화	하나님 나라 땅 정복 3요소 완성

출애굽을 통해 하나님 백성이 만들어졌습니다. 레위기에서 하나님은 자신의 백성들에게 "내 통로가 되어 달라. 그러니 거룩해야 한다"라고 하셨습니다. 그런데 하나님께서 거룩을 요구하신다고 그 백성들이 금방 거룩해질 수 있는 것은 아닙니다. 구원은 하루에 받았지만 거룩함은 시간이 걸려 이루어지기 때문입니다. 하나님은 광야 40년 생활을 통해 그분의 백성들에게 거룩을 훈련하셨습니다.

만약 이스라엘 백성들이 민수기의 광야 훈련을 거치지 않고 가나안 땅에 곧바로 들어갔다면 과연 어떻게 되었을까요? 이스라엘 백성들이 400년 간 살았던 애굽도 우상숭배가 만연했던 땅이지만, 가나안 땅도 애굽 땅 못지 않은 곳이었습니다. 그렇기 때문에 거룩을 지켜 낼 실력이 없는 상태에서 가나안 땅에 들어간다면 가나안 문화와 죄악에 곧바로 동화될 수밖에 없었을 것입니다.

레위기에서 1년간 시내산에 머문 이스라엘 백성은 민수기에서 가나안 땅으로 출발합니다. 그런데 그들은 출발하자마자 하나님께 원망과 불평을 쏟아냅니다. 그리고 가데스 바네아에서 가나안 땅을 정탐했던 10명의 정탐꾼들의 부정적인 보고를 듣고 원망하며 하나님을 불신함으로 하나님의 징계를 받게 됩니다. 그리고 38년을 광야에서 출애굽 1세대가 다 죽기까지 훈련을 받게 됩니다. 하나님은 38년 광야 훈련을 통해 하나님 나라 백성들이 애굽의 가치(세상 가치)와 애굽 사랑(세상 사랑)을 철저히 버리기를 원하셨습니다. 광야 훈련을 통해 그들의 옛사람이 죽는 것입니다.

광야 훈련은 하나님 나라의 군대를 기르는 훈련입니다. 왜냐하면 하나님은 출애굽을 시키기 전부터 이스라엘 백성을 "내 군대"(출 7:4)라고 부르셨기 때문입니다. 그리고 민수기에서 인구조사를 두 번 하는데(1장, 26장), 1장에서는 싸움에 나갈 수 있는 20세 이상의 남자들로 계수된 군대 수가 약 60만이었습니다. 싸움에 나갈 만한 20세 이상의 남자를 계수했다는 것을 통해서 가나안 군대를 물리치고 하나님 나라를 세울 영적 군대를 세운 것임을 알 수 있습니다. 그러므로 민수기의 핵심 주제는 가나안 땅에서 바알의 우상숭배를 부수고 하나님 나라를 세울 수 있는 하나님 나라의 군대 훈련이라고 할 수 있습니다.

7. 신명기: 하나님 나라의 주권인 말씀

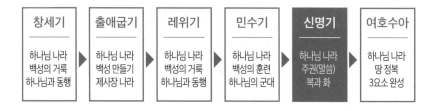

신명기는 모세가 죽기 전 모압 평지에서 가나안 땅 들어가기 3개월 전에 출애굽 2세대에게 세 번의 유언 설교를 한 것입니다. 모세는 율법을 재해석해서 설명해 줍니다. 그래서 신명기의 주제는 '왕권인 말씀을 선포하는 자리, 하나님 백성이 말씀으로 무장하는 것'입니다.

민수기의 주요 개념은 애굽의 가치를 빼내는 것입니다. 40년의 광야 훈련은 세상 가치를 빼내는 훈련이었으며, 동시에 하나님 나라의 군대로서 무장하는 시간이었습니다. 그래서 신명기에서는 말씀으로 채우고 무장합니다. 이스라엘 백성들이 가나안 땅을 정복하기 위해서는 하나님 나라의 가치로 무장해야 했습니다. 가나안 땅을 정복하는 무기는 하나님의 말씀과 그 말씀에 대한 순종이었습니다. 그래서 신명기의 주제는 '말씀 채움과 무장'이라고 할 수 있습니다.

8. 여호수아: 하나님 나라 땅 정복

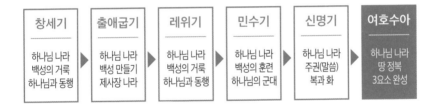

창세기	출애굽기	레위기	민수기	신명기	여호수아
하나님 나라 백성의 거룩 하나님과 동행	하나님 나라 백성 만들기 제사장 나라	하나님 나라 백성의 거룩 하나님과 동행	하나님 나라 백성의 훈련 하나님의 군대	하나님 나라 주권(말씀) 복과 화	하나님 나라 땅 정복 3요소 완성

여호수아의 주제는 하나님 나라의 땅 정복입니다.

모압 땅에서 하나님의 말씀으로 무장한 하나님 나라 백성들은 그들의 조상들에게 약속하신 가나안 땅을 정복하러 들어갑니다. 그리고 세상 나라를 깨뜨리고 하나님 나라를 세웁니다.

여호수아는 처음부터 하나님께 말씀을 청종하라는 명령을 받습니다. 가나안 땅 정복의 열쇠는 이스라엘의 군사력에 있는 것이 아니라 하나님의 능력에 있기 때문입니다. 여호수아서를 보면 이스라엘 백성이 군사력으로 승리한 적이 단 한 번도 없습니다. 하나님의 백성이 하나님의 말씀에 순종할 때 승리했음을 볼 수 있습니다. 그래서 여호수아의 핵심 주제는 순종을 통한 하나님 나라의 땅 정복이라고 할 수 있습니다.

지금까지 살펴본 대로 창세기부터 여호수아까지의 6권은 서로 유기적으로 연결되어 있습니다. 하나님 나라의 3요소인 왕, 땅, 백성이 다 완성되는 여호수아까지를 설명해야 하기 때문입니다.

서론 3

창세기 서론

1. 저자: 모세

보수적인 신학은 일반적으로 창세기의 저자를 모세로 봅니다. 그러나 오래전부터 대다수 비평학자들은 모세오경의 저자를 모세로 믿지 않았습니다. 이는 독일 신학자인 벨하우젠(Julius Wellhausen)이 주장했던 문서설을 받아들였기 때문입니다. 벨하우젠은 모세오경이 4종류의 문서들을 편집한 책이라고 주장했습니다. 즉, 여호와라는 J계열, 엘로힘의 E계열, 신명기 사관에 해당하는 D계열, 제사장 그룹 관점의 P계열 등 각각의 문서들을 후대에서 편집해서 만들어 냈다고 주장했습니다.

그러나 복음서에는 예수님께서 모세오경의 저자를 모세라고 선언하시는 장면이 기록되어 있습니다.

이에 모세와 모든 선지자의 글로 시작하여 모든 성경에 쓴 바 자기에 관한 것을 자세히 설명하시니라 (눅 24:27)

뿐만 아니라 구약의 증거들도 오경의 저자가 모세임을 말해 줍니다(출 17:14, 민 33:1-2, 신 3:9, 수 1:7-8, 삿 3:4, 왕상 2:3, 대하 34:14, 느 8:1-8).

그러므로 필자는 예수님의 선언에 근거하여 모세오경의 저자를 모세로 봅니다.[9]

2. 시기: B.C. 15세기

창세기의 저작 시기는 B.C. 15세기로 봅니다. 모세가 이스라엘을 바로 왕의 손에서 이끌어내고 출애굽하여 홍해를 건넌 것은 B.C. 1446년의 일입니다.[10] 모세오경은 그 이후에 기록된 것으로 보기 때문에 주전 1446~1440년, 약 40년 동안 쓰였을 것으로 보는 것입니다.

3. 기록 목적

모세가 창세기를 기록한 목적을 대략 다음과 같이 정리할 수 있습니다.

하나님 나라의 시작을 선포함

태초에 하나님이 천지를 창조하시니라 (창 1:1)

---

9 기동연, 『창조부터 바벨까지』(서울: 생명의양식, 2009), p. 22.; 김의원 『창세기 연구』(서울: CLC, 2013), p. 4.
10 출애굽 연대는 이른 출애굽설과 늦은 출애굽설이 있다. 필자는 이른 출애굽설을 따른다.

창세기는 하나님 나라의 시작을 선포한 책입니다. 창세기 1장 1절은 하나님 나라가 시작되었다는 선언입니다. 하나님은 천지를 창조하심으로 당신의 나라를 시작하셨습니다.

모든 것의 시작과 근원을 밝힘

창세기는 모든 것이 어떻게 시작됐는지를 말하는 책입니다. 우주 만물의 시작, 역사의 시작, 인간과 가정의 시작, 죄의 시작, 구원의 시작을 말하고 있습니다. 죄를 제외한, 이 모든 것의 시작과 출발점은 하나님이십니다.

하나님이 어떤 분인지 알리심

창세기는 출애굽한 이스라엘 백성들에게, 자신들을 구원하시고 언약을 맺으신 여호와 하나님이 누구시며, 자신들이 400년 동안 노예로 있었던 애굽의 많은 신과 어떻게 다른 분인지를 알려 줌으로써, 오직 여호와 하나님만이 우주 만물의 창조주요, 주권자요, 구원자이심을 드러내고자 하는 책입니다.

제사장 나라를 만들기 위한 족장사(族長史)

하나님은 이 땅에 예수 그리스도를 보내고자 하신 계획을 이루시기 위해 한 민족을 만드십니다. 장차 이스라엘 민족은 제사장 나라로 부름 받을 민족이 될 것입니다. 창세기는 그리스도의 오심의 모판 역할을 했던 이스라엘 민족이 어떻게 만들어졌는지를 아브라함, 이삭, 야곱, 요셉 등 소위 족장사를 통해 드러냅니다.

창세기 12~50장의 내용인 아브라함, 이삭, 야곱, 요셉의 4대 족장이 인생을 어떻게 살아갔는지, 그리고 하나님은 이 족장들과 어떠한 언약을 맺고, 그 언약을 어떻게 이어 가셨는지를 담아내고 있습니다.

여자의 후손 예언과 무지개 언약, 족장 언약

창세기 3장 15절은 구약성경에서 매우 중요한 성경 구절입니다. 이 땅에 여자의 후손으로 오실 예수 그리스도의 십자가 부활로 인해 사탄의 머리가 깨어질 것을 예언한 것입니다. 이 여자의 후손 언약은 소위 '어머니 언약(mother covenant)'이라고 불립니다. 즉, 여자의 후손 언약은 이후에 나오는 모든 언약의 모체인 것입니다. 아브라함 언약, 이삭 언약, 야곱 언약, 시내산 언약, 모압 언약, 다윗 언약, 새 언약 등은 여자의 후손 언약의 성취 과정에서 맺어진 언약들입니다.

이스라엘의 입(入)애굽 배경

모세오경은 출애굽한 출애굽 1세대와 3개월 후 가나안 땅에 들어가야 할 출애굽 2세대를 위해서 쓰인 책들입니다. 특히 3개월 후 가나안을 들어가야 할 출애굽 2세대들에게 창세기는 자신들의 조상들이 어떻게 애굽에 들어가게 되었는지, 즉 입애굽의 배경을 드러내고 있습니다. 요셉이 어떻게 총리가 되었고, 야곱의 후손 70명이 어떻게 애굽으로 오게 되었는지를 보여 주고 있습니다.

유일하신 하나님을 선포

창세기 저자는 이스라엘 백성들에게 하나님은 오직 한 분이심을, 즉 유일하신 하나님이심을 선포합니다. 430년간 다신을 섬기는 문화인 애굽에서 살아온 이스라엘에게, 온 세상에서 유일하신 하나님은 이스라엘의 출애굽 역사를 이루시고, 그들과 시내산에서 언약을 맺으시며 여호와임을 선포하십니다. 이는 역시 다신교 문화인 가나안에 들어가야 할 하나님의 백성들이 우상숭배에 빠지지 않도록 하는 경계의 성격을 가집니다.[11]

4. 창세기의 구조

일반적인 창세기의 구조

원역사 (창 1~11장)	족장 역사 (창 12~50장)
4대 사건	4대 족장
1. 창조(1~2장) 2. 타락(3~5장) 3. 홍수(6~9장) 4. 바벨탑(10~11장)	1. 아브라함(12~25장) 2. 이삭(21~26장) 3. 야곱(26~49장) 4. 요셉(37~50장)

---

11 빅터 해밀턴, 『오경개론』(서울: 크리스천다이제스트, 2007), p. 25.

키아즘 구조^(히브리식 문장 구조)로 본 창세기

1~11장까지 키아즘 구조[12]

1:1~11:32 원시 역사(평행 구조)

[A] 1:1-2:3 창조 역사 / 첫 시작 / 하나님의 복 주심, 하나님 나라 건설 명령

　[B] 2:4-3:24 아담의 범죄 / 벌거벗음-봄 / 가죽옷 덮음

　　[C] 4:1-16 의로운 자손 아벨의 후손이 없음

　　　[D] 4:17-26 악한 자손 가인의 후손

　　　　[E] 5:1-32 택함 받은 셋의 후손 : 아담에서 노아까지

　　　　[F] 6:1-4 타락

　　　　　[G] 6:5-8 노아에 대한 짧은 도입

[A′] 6:9-9:19 홍수역사 / 새 시작 / 하나님의 복 주심, 하나님 나라 건설 명령

　[B′] 9:20-29 노아의 범죄 / 벌거벗음-봄 / 셈, 야벳의 덮음

　　[C′] 10:1-5 의로운 자손 야벳의 후손

　　　[D′] 10:6-20 악한 자손 함의 후손

　　　　[E′] 10:21-32 택함 받은 셈의 후손: 노아에서 데라까지 10대 후예

　　　　[F′] 11:1-9 타락

　　　　　[G′] 11:27-32 아브라함에 대한 짧은 도입

　창세기의 원 역사에 해당되는 1~11장을 키아즘 구조로 분석하면 평행 구조입니다. 창조 시작과 하나님의 복 주심과 첫 번째 하나님 나라 건설 명령^(A), 홍수 심판을 통한 새 역사의 시작과 노아를 향한 하나님의 복 주심과 두 번째 하나님의 건설 명령^(A′)이 평행을 이룹니다. 또한 마지막 부분에는 새 시대를 이끌 노아에 대한 도입 부분^(G), 이스라엘의 조상인 아브라함에

12　데이빗 돌시, 『구약의 문학적 구조』(서울: 크리스챤출판사, 2011).

대한 도입 부분^(G′)이 일치합니다.

아브라함과 이삭 이야기의 키아즘 구조^{(12~26장)13}

11:27~22:24 아브라함(대칭 구조)

[A] 11:27-32 데라의 후예
 [B] 12:1-9 아들에 대한 약속과 아브라함의 여정 시작
  [C] 12:101-20 사라를 누이라 속임 / 이방의 환경에서 하나님의 보호
   [D] 13:1-8 소돔에 거하는 롯
    [E] 14:1-24 소돔과 롯에 관계하는 아브라함
     [F] 15:1-16:16 아브라함을 향한 언약(하나님 편에서의 언약적 서약식)
     [F′] 17:1-18:15 아브라함을 향한 언약(이스라엘 편에서의 언약적 서약식)
    [E′] 18:16-33 소돔과 롯에 관계하는 아브라함
   [D′] 19:1-38 소돔에서 탈출하는 롯
  [C′] 20:1-38 사라를 누이라 속임 / 이방의 환경에서의 하나님의 보호
 [B′] 21:1-22:29 아들의 탄생과 아브라함의 여정의 절정
[A′] 22:20-24 나홀의 후예

아브라함과 이삭의 이야기^(12~25장)를 키아즘으로 분석하면 교차 대칭 구조입니다. 그 중심에는 창세기 15장의 횃불 언약^(F)과 창세기 17장의 할례 언약^(F′)이 위치합니다. 이것은 아브라함^(이삭)의 인생이 하나님과의 언약이 중심임을 드러냅니다. 그는 이스라엘의 조상으로 하나님과 언약을 맺었으며 그 언약을 후손들에게 전수하는 사명이 그에게 있음을 말하고 있습니다.

---

13 송제근, "창세기의 구조와 신학", 「그 말씀」(2003년 1월호).

야곱 이야기의 키아즘 구조 (26~49장)

[A] 25:19-34 하나님의 뜻을 구함 / 탄생에서 투쟁 / 야곱의 탄생

  [B] 26:1-25 막간-외국 궁궐에서의 리브가 / 이방과 조약

   [C] 27:1-28:9 에서를 두려워하는 야곱-도망

    [D] 28:10-22 사자들

     [E] 29:1-30 하란에 도착

      [F] 29:31-30:24 야곱의 아내들 출산

      [F'] 30:25-43 야곱의 양떼들 출산

     [E'] 31:1-55 하란으로부터의 탈출

    [D'] 32:1-32 사자들

   [C'] 33:1-20 야곱의 귀환-에서를 두려워하는 야곱

  [B'] 34:1-31 막간-딸 디나가 외국의 상황에 처함 / 이방과 조약

[A'] 35:1-22 하나님 뜻의 성취 / 탄생에서 애씀 / 야곱이 이스라엘이 됨

야곱의 이야기(26~49장)를 키아즘으로 분석하면 그 중심은 야곱이 11명의 아들들[14]을 낳는 장면(F)과 많은 양떼의 복을 받는 장면(F')입니다. 이는 야곱의 인생이 이스라엘 12지파의 조상을 낳아 이스라엘의 근간과 뼈대를 만드는 삶이었음을 드러냅니다.

---

14 막내인 베냐민을 얻은 것은 이후다.

요셉 이야기의 키아즘 구조(37~50장)

[A] 37:2-11 도입-요셉의 역사 시작

  [B] 37:12-36 야곱이 요셉의 죽음을 애도함

   [C] 38:1-30 막간-유다의 지도자 됨

    [D] 39:1-23 요셉이 애굽의 노예가 됨

     [E] 40:1-41:57 바로의 총애로 총리가 된 요셉이 애굽을 구함

      [F] 42:1-43:34 형제들의 애굽행

       [G] 44:1-34 요셉의 시험 통과

       [G′] 45:1-28 요셉이 자신을 형들에게 드러냄

      [F′] 46:1-27 애굽으로의 이민

     [E′] 46:28-47:12 바로의 총애로 요셉이 자신의 가족을 구함

    [D′] 47:13-31 애굽인을 노예로 만듦

   [C′] 48:1-49:28 막간-유다가 지도자로 축복 받음

  [B′] 49:29-50:14 야곱의 죽음을 요셉이 애도함

[A′] 50:15-26 결론: 요셉의 역사의 마지막

요셉의 이야기를 키아즘으로 분석하면 그 중심은 요셉이 형들을 시험하고(G), 요셉이 형들을 용서하는 장면(G′)입니다. 이는 요셉의 인생이 형들을 용서하고 살리는 사명이 있음을 드러냅니다. 요셉은 여러 가지로 앞으로 오실 예수 그리스도를 상징하고 예표하는 인물입니다. 그러므로 요셉이 형들의 죄악을 용서하고 생명을 살리는 일은 예수 그리스도께서 십자가로 우리의 죄악을 용서하고 살리실 일을 미리 보여 주는 것으로 이해할 수 있습니다.

이렇듯 창세기를 키아즘 구조로 보면 주제별로 보는 일반적 구조보다 훨씬 더 체계적으로 내용을 파악할 수 있다는 장점이 있습니다.

하나님의 창조 사역

창세기는 성경의 첫 번째 책입니다. 창세기를 잘 공부해야 나머지 성경 65권을 보다 잘 이해할 수 있습니다. 또한 요한계시록을 이해하기 위해서도 창세기의 이해는 필수적입니다. 창세기에서 범죄로 잃어버린 것들이 요한계시록에서 회복되고 완성되고 있기 때문입니다. 예를 들어, 창세기에서 화염검으로 막혀 있던 생명나무의 길이 요한계시록 21~22장에서는 활짝 열려 구원 받은 성도들이 그 열매를 따 먹게 됩니다. 창세기에서 창조된 해와 달과 바다가 요한계시록 21~22장에서는 없어집니다. 창세기와 요한계시록은 이와 같이 깊은 연관을 가진 책입니다.

1. 하나님 나라를 시작하심

태초에 하나님이 천지를 창조하시니라 (창 1:1)

모세는 창세기 첫 시작을 "하나님께서 천지를 창조하셨다"고 선포합니다. 모세는 이스라엘을 애굽에서부터 구원하신 여호와 하나님이 단지 이스라엘만의 하나님이 아니라 온 우주 만물을 창조하신 창조주이심을 선언한 것입니다. 이는 이스라엘이 믿는 하나님이 애굽과 가나안의 신들과는 근본적으로 구별되는 분이심을 가르치는 것이며, 또한 온 우주 만물이 우연히 생겨난 것이 아니라 하나님의 목적과 의도에 의해 창조된 것임을 드러냅니다. 또한, 6일 동안의 천지창조는 단지 아담이 살아야 할 장소를 만드신 것이 아닙니다. 천지창조는 하나님 나라 시작의 선언입니다. 하나님께서 이 땅에 하나님 나라를 세우시겠다는 것입니다.

창세기 1~2장의 창조 기사는 점점 땅으로 그 초점이 옮겨가면서 땅을 강조하고 있습니다. 땅은 하나님의 통치와 다스림이 실현되는 장소입니다. 특히 하나님께서 창설하신 에덴은 단지 동산이 아니라 하나님께서 임재하시는 성전으로서의 성격을 가집니다. 또한 에덴동산은 하나님 나라의 최초의 모델입니다. 하나님 나라의 3요소는 왕의 주권, 땅, 백성입니다. 에덴에는 하나님 나라의 왕이신 하나님^(선악과 금령)과 그분의 통치 실현 장소인 땅, 그리고 하나님의 백성이요 대리 통치자인 아담과 하와라는 하나님 나라의 3요소가 완벽히 조화를 이루고 있습니다^(아담이 죄로 타락하기 전까지).

2. 창조 기사에 담긴 구속 사역과 재창조 사역

태초에 - '베레쉬트'[15]

히브리어 알파벳은 22개 단어입니다. 애굽의 상형문자가 발전되어 히브리어가 된 것이기 때문에 히브리어 알파벳에는 각각의 의미가 있습니다. 예를 들어, 알렙(א)은 소의 두 뿔을 상징하고, 베이트(ב)는 집을 상징하며, 김멜(ג)은 낙타를 상징합니다.

히브리어나 헬라어의 한 문장에서 가장 처음 나오는 단어는 그 문장에서 가장 중요한 단어입니다. 그렇다면 부사인 "태초에"를 가장 먼저 쓴 저자의 의도가 있을 것입니다. "태초에"는 히브리어 원문으로 보면 '베레쉬트(בראשית)'입니다. 이 단어는 '태초에'라는 의미보다 '머리 안에서'의 의미입니다. '베(ב, ~안에)'와 '레쉬트(ראשית, 머리, 시작)'가 합쳐진 단어입니다. 다시 말해,

---

15 '베'는 전치사로 '~안에'라는 뜻이며, '레쉬트'는 명사로 '머리'라는 뜻이다.

하나님께서 천지를 창조하시되, 머리 안에서 창조를 시작하셨다는 말입니다. 이것은 창세기 창조 기사가 단순한 창조 사역 이상의 의미를 담고 있음을 암시합니다.

예수님께서 엠마오로 낙향하는 두 제자에게 설명하실 때 "모세의 율법, 선지자의 글, 시편이 다 나를 가리켜 기록된 것이라."(눅 24:44)고 하셨습니다.

> 또 이르시되 내가 너희와 함께 있을 때에 너희에게 말한 바 곧 모세의 율법과 선지자의 글과 시편에 나를 가리켜 기록된 모든 것이 이루어져야 하리라 한 말이 이것이라 하시고 (눅 24:44)

모세의 글은 모세오경을 말하는데 그것이 예수 그리스도에 대해 말했다면, 창세기 1장의 창조 기사도 우주 만물이 어떻게 창조되었는가를 말하는 것을 넘어 예수 그리스도 안에서 이루실 하나님의 재창조 사역, 즉 예수 그리스도의 구속 사역까지 담아 놓고 있다고 볼 수 있습니다. 유명한 구약 신학자 브루스 왈트키도 그의 책에서 "창조 이야기는 구속의 이야기다. 곧, 빛이 어둠을 이긴 승리, 생명에 본질적인 하늘과 땅이 물을 이긴 승리의 이야기이다."라고 말합니다.[16]

그러므로 창세기 1~3장은 과학이나 세계 역사에 대한 기록이 아니라, 그리스도의 인격과 사역을 이해하는 시작점입니다(존 페스코). 에드워드 영(Edward J. Young)은 성경의 의도는 하나님의 창조 사역을 그리스도의 구속 사역에 비추어 볼 수 있게 해 주는 데 있다고 말합니다.[17]

---

16 브루스 왈트키, 『구약신학』(서울: 부흥과개혁사, 2012), pp. 209~210.
17 존 페스코, 『태초의 첫째 아담에서 종말의 둘째 아담 그리스도까지』(서울: 부흥과개

창세기 1장 1절은 하나님께서 '머리 안에서^(예수 그리스도 안에서) 천지를 창조하셨다.'라고 선언합니다. 이것은 신약의 선포에서도 증명이 됩니다.

> 만물이 그로 말미암아 지은 바 되었으니 지은 것이 하나도 그가 없이는 된 것이 없느니라 (요 1:3)

> 만물이 그에게서 창조되되 하늘과 땅에서 보이는 것들과 보이지 않는 것들과 혹은 왕권들이나 주권들이나 통치자들이나 권세들이나 만물이 다 그로 말미암고 그를 위하여 창조되었고 (골 1:16)

또한 에베소서 1장에서 바울은 타락한 우주 만물과 인간이 회복하려면 예수 안에서 재통일되어야 한다고 말합니다.

> 하늘에 있는 것이나 땅에 있는 것이 다 그리스도 안에서 통일되게 하려 하심이라 (엡 1:10)

여기서 "통일"이란 헬라어로 '아나케팔라이오($\grave{\alpha}\nu\alpha\kappa\epsilon\varphi\alpha\lambda\alpha\iota\acute{o}\omega$)'인데, 이것은 '머리와 함께 붙여진다'라는 의미입니다.

다시 말하면, 창조도 머리 안에서 되었기에 그것이 회복되는 재창조도 머리 되시는 예수 안에서만 가능한 것입니다. 우리의 인생, 가정, 나라도 마찬가지입니다. 오직 예수 그리스도를 통해서만 회복되고 재창조되는 것입니다.

혁사, 2012), pp. 36~37.

원문으로 보는 깊이

에벤에셀

'에벤에셀'은 사무엘상에서 사무엘 선지자가 블레셋의 공격을 격퇴하고 승리하게 하신 하나님의 은혜를 기념하여 쌓은 돌단입니다. 그 의미는 "하나님이 우리를 여기까지 도우셨다"입니다(삼상 7장).

'에벤에셀'에서 '에셀'은 히브리어 '에제르(עֵזֶר)'로 '돕다'는 의미입니다. 하나님께서 아담을 지으시고, "사람이 혼자 사는 것이 좋지 아니하니 내가 그를 위하여 돕는 배필을 지으리라"고 하셨습니다(창 2:18). 신약에서는 "성령이 우리의 연약함을 도우시나니"라는 말씀에서 "도우시나니"가 똑같은 단어 '에제르'를 사용하고 있습니다.[18] 즉, 여자가 남자를 돕는다는 것은 성령께서 우리의 연약함을 돕는 것과 같은 의미인 것입니다. 성령께서 우리를 도우시므로 우리가 온전해지는 것처럼, 남자도 여자의 도움, '에제르'가 없으면 완전해지지 않음을 의미하고 있는 것입니다.

또한 '에벤(אֶבֶן)'은 '돌'입니다. 그렇다면 에벤(돌)과 에제르(돕다)의 의미는 '하나님이 도와주신 돌, 혹은 '하나님이 돌로 도우셨다'는 뜻입니다.

또한 '에벤(돌)'이란 단어는 '아버지(아브, אָב)'와 '아들(벤, בֵּן)'의 합성어로, '아버지의 아들'을 의미합니다. 그러므로 '에벤에셀'은 '아버지의 아들이신 예수 그리스도가 도우신다'란 뜻입니다. 이와 같이 에벤에셀이라는 표현은 단순히 기념비를 가리키는 것이 아니라, 우리의 도움이신 예수 그리스도를 예표하고 있는 것입니다(독자들 가운데 이런 필자의 해석에 동의하지 않는 분들도 있을 것입니다. 그 판단은 각자에게 맡깁니다).

베냐민

야곱의 막내아들인 '벤 야민'도 분석해 보면 깊은 의미가 있습니다. '벤'은 아들이란 뜻이고, '야민(יָמִין)'은 오른쪽이란 뜻입니다. 즉, 베냐민은 '오른쪽의 아들'이란 뜻입니다. 사실 야곱의 아내 라헬은 베냐민을 낳은 후 죽기 전에 자기 아들을 '베노니'라고 부릅니다. 이것은 '슬픔의 아들'이란 뜻입니다. 그러나 라헬이 죽은 후에 야곱은 '베노니'를 '베냐민'으로 개명합니다. 히브리 문화에서 오른쪽은 영광과 존귀의 자리입니다. 그러므로 베냐민은 단순히 오른쪽의 아들이 아니라 존귀하고 영광스러운 아들이란 뜻입니다.

창조하시니라-'바라'

히브리어에서 '만들다'에 쓰이는 단어는 '바라, 아사, 야차르, 바나' 등으로 다양합니다. 그런데 '바라'는 다른 단어와 차이가 있으며 아주 독특한 단어입니다. '아사, 야차르, 바나'는 주어로 사람과 하나님을 모두 사용하지만, '바라(בּרא)'라는 동사는 사람을 주어로 쓰지 못하고 오직 하나님만 주어로 쓰는 단어입니다. '바라'는 구약에서 48회 등장합니다. '바라'는 무에서 유를 만들어 낼 때에, 또는 인간이 전혀 만들 수 없는 완전히 새로운 것을 창조할 때 쓰이는 단어입니다.[19] 반면에, '아사, 야차르, 바나'는 유에서 유를 만들어 낼 때 쓰이는 단어입니다. 그러므로 '바라'라는 단어의 주어는 하나님밖에 될 수 없습니다. 하나님은 아무것도 없는 것에서 모든 것을 만들어 내시는 '바라'의 하나님이십니다.

---

18 창세기 2장 18절의 '돕다'에 해당되는 「70인역(헬라어로 된 구약성경)」의 단어와 로마서 8장 26절의 '돕다'가 같은 단어이다.

19 고든 웬함, 『창세기(상): 1-15』(서울: 솔로몬, 2001), p. 101.; 빅터 해밀턴, 『오경개론』(서울: 크리스천다이제스트, 2007), pp. 29, 38-39.; 기동연, 『창조부터 바벨까지』(서울: 생명의양식, 2009), p. 39.; 김의원, 『창세기 연구』(서울: CLC, 2013). p. 45.

기록된 바 내가 너를 많은 민족의 조상으로 세웠다 하심과 같으니 그가 믿은 바 하나님은 죽은 자를 살리시며 없는 것을 있는 것으로 부르시는 이시니라 (롬 4:17)

'바라'의 하나님을 믿으십니까?

우리의 삶 속에 아무것도 없다고 생각되면 '바라'의 하나님을 믿어야 합니다. 하나님은 없는 것을 있는 것같이 부르시고, 죽은 자를 살리시는 분이십니다(롬 4장). 아무것도 없는 것에서 모든 것을 만드시는 '바라'의 하나님을 믿고 있습니까? 우리가 믿는 하나님은 유에서 유만을 만드시는 '야차르, 아사, 바나'의 하나님만이 아닙니다. 무에서 유를 창조하시는 하나님이십니다. 아무것도 없고, 모든 것이 절망적인 나의 현실을 역전시켜 생명을 만들어 내시는 '바라'의 하나님이 나의 하나님이심을 믿고 다시 믿음으로 일어서시기를 바랍니다.

엘로힘

창세기 1장 1절의 하나님은 '엘로힘(אֱלֹהִים)'입니다. 이는 복수형입니다. 어떤 이들은 '엘로힘'에서 삼위일체 교리가 뒷받침되는 것으로 해석하기도 합니다. 그런데 히브리 문법에서는 이것을 장엄 복수형이라고 합니다. 이에 대해 케일(Carl F. Keil)과 고든 웬햄(Gordon J. Wenham)은 삼위 하나님을 말하는 것이라기보다는 '하나님의 위대하심, 하나님의 초월성, 광대하심, 엄위하심'을 드러내고 있는 것으로 봅니다.

공간과 시간을 창조하심

하나님께서는 우주 만물을 창조하실 때 공간과 시간을 만드셨습니다.

즉, 세상의 역사가 시작되었습니다. 하나님은 우주와 역사의 창조자요, 주인이십니다. 우주의 공간과 시간은 구속 사역과 재창조의 사역이 완성되면 영원으로 이어질 것입니다.

하나님 나라를 시작하심

이미 말했지만, 창세기 1장 1절은 아담과 하와가 살 수 있는 공간을 만들었다는 단순한 의미만이 아닙니다. 하나님은 "내가 나의 나라, 즉 하나님 나라를 시작한다"고 선언하신 것입니다. 하나님께서 시작하셨다면, 알파요 오메가이신 하나님께서 그분의 나라를 완성하십니다. "하나님 나라의 시작과 완성을 아들이신 예수 그리스도에게 위임하시고, 또한 예수 그리스도는 그분의 피로 구원한 성도들을 하나님 나라의 동역자^(상속자)로 부르셔서 하나님 나라를 완성하십니다. 구원 받은 성도들은 하나님 나라의 시작과 완성을 위한 하나님의 동역자들임을 기억합시다.

3. 땅의 상태(창 1:2)

땅이 혼돈하고 공허하며 흑암이 깊음 위에 있고 하나님의 영은 수면 위에 운행하시니라 (창 1:2)

하나님께서 천지를 만드셨는데, 그 땅은 아직 완전한 상태가 아니라 혼돈, 공허, 흑암이 깊음 위에 있었습니다. 혼돈은 히브리어로 '토후^(תֹהוּ, 무질서)', 공허는 '보후^(בֹהוּ, 공허)'입니다. 이것은 일종의 언어유희(word play)입니다. 흑암은 '호세크^(חֹשֶׁךְ)'인데, 이 단어는 바다의 심연을 말합니다. 그래서 흑암이 깊음 위에 있다는 것은 어둠이 바다 깊은 곳에 있었다는 뜻입니다.

그런데 하나님께서 창조하신 땅에 왜 혼돈과 공허와 흑암이 있었을까요? 어떤 사람들은 1장 1절과 1장 2절 사이에 하나님을 대적한 천사들의 타락이 있었다고 봅니다.[20] 그래서 하나님은 이 타락한 천사들을 심판하셨고, 2절의 땅의 상태가 혼돈, 공허, 흑암이 있었다는 것입니다(간격 이론: 앨런 로스[Allen P. Ross], 펨버[G. H. Pember], 찰머스[Thomas Chalmers]).

반면, 어떤 사람들은 창세기 1장 1절은 천지창조의 서론으로 천지창조에 대한 제목 또는 요약이고, 2절부터 창조의 내용들이 구체적으로 펼쳐지는 것이라고 말합니다(제목설, 궁켈[Hermann Gunkel]). 하나님께서 아직은 온전하지 않은 땅을 하나하나 그 틀과 질서와 내용을 갖추어 가신다고 보는 것입니다. 대부분 학자들도 이 견해를 따릅니다. 그런데 이 이론은 창조 이전에 이미 땅이 존재하므로(카수토[Umberto Cassuto]), 하나님께서 무에서 유를 창조하신 것을 부정하는 이론입니다. 가장 설득력 있는 주장은, 1절에서 하나님께서 실제로 무에서 유를 창조하셨고, 아직은 제 모습을 갖추지 못한 우주를 6일 동안 질서와 구조, 내용을 만들어 가셨다고 보는 것입니다(메러디스 클라인[Meredith Kline], 칼뱅).

사실 고대 근동 지방의 창조 설화는 모세 시대 이전에도 존재했습니다. 이집트의 멤피스 창조 설화, 바벨론의 에누마 엘리시(Enuma Elish)의 창조 설화 등이 그것입니다. 그것들은 모세의 창조 기사와 내용이 일부 비슷하기도 합니다. 그래서 모세가 창조 기사를 독창적으로 쓴 것이 아니라, 주변에 먼저 있었던 창조 설화들을 읽고 그것을 어느 정도 참고해서 창조 기사를 기록했을 가능성을 생각해 볼 수도 있습니다. 특별히 바벨론의 에누마 엘

---

20 앨런 로스, 김창동 역, 『창조와 축복』(서울: 디모데, 2007), p. 154.

리시 창조 설화는 바벨론의 신인 마르둑(Marduk)의 활약상을 그리는데, 이 설화에 의하면 마르둑은 혼돈의 신인 바다(티아마트[Tiamat])[21]와 흑암의 세력을 물리칩니다. 흑암의 세력인 호세크를 마르둑이 심판합니다.[22]

모세가 고대 근동 지방의 창조 설화를 참고했을지라도, 이것이 성경의 권위를 떨어뜨리지는 못합니다. 왜냐하면 성경의 창조 기사와 고대 근동 지방의 창조 설화의 목적이 다르기 때문입니다. 이집트나 바벨론의 창조 설화는 자신들의 제국의 우월성을 드러내려는 정치적인 목적으로 쓰인 것이지만, 성경의 창조 기사는 하나님이 어떤 분이신가를 선포하는 것입니다.

혹자는 창세기의 창조 기사를 우주 생성과 지구의 나이에 관한 과학적 근거 자료로 삼으려고 합니다. 그런데 이는 창조 기사의 목적과 다른 것입니다. 창세기의 저자는 과학적 증명을 위해 하나님의 창조 사역을 기록하고 있는 것이 아닙니다. 오히려 저자는 삼위 하나님이 어떤 분이시며, 특히 하나님의 창조 사역의 목적이 무엇인지, 창조 사역 안에 그리스도를 통한 구속 사역, 재창조 사역까지 모두 담아 내고 있는 것입니다.[23]

4. 삼위 하나님의 창조 사역

창세기 1장의 창조 기사에는 삼위 하나님의 창조 사역이 나타납니다. 창세기 1장에는 성부와 성령의 창조 사역이 확연히 드러납니다. 그리스도의

21 김창대, 『거침없이 빠져드는 성경 테마 여행』(서울: 브니엘, 2009), p. 44.
22 김회권, 『하나님 나라 신학으로 읽는 모세오경』(서울: 복있는사람, 2017), pp. 53-54.
23 브루스 왈트키, 김귀탁 역, 『구약신학』(서울: 부흥과개혁사, 2012), pp. 209-210.

사역은 무엇입니까? 신약성경은 그리스도께서 첫 창조 사역의 주역이었음을 말씀합니다.

> 이 모든 날 마지막에는 아들을 통하여 우리에게 말씀하셨으니 이 아들을 만유의 상속자로 세우시고 또 <u>그로 말미암아 모든 세계를 지으셨느니라</u> (히 1:2)

> 만물이 <u>그로 말미암아 지은 바 되었으니</u> 지은 것이 하나도 그가 없이는 된 것이 없느니라 (요 1:3)

그렇다면 창세기 1장의 창조 기사에서도 그리스도의 역할이 있어야 합니다. 그런데 창세기 1장의 창조 기사에는 문자적으로 보이지 않습니다. 그렇다면 그리스도의 창조 사역은 어디에서 찾을 수 있을까요? 답은 "이르시되"입니다(아마르[אָמַר]). 하나님은 천지 만물을 창조하실 때마다 "이르시되"를 통해 창조하셨습니다. 바로 말씀이신 예수 그리스도를 통해 세상을 창조하신 것입니다. 첫 창조가 그리스도(말씀)를 통해 이루어진 것처럼, 재창조도 오직 그리스도만을 통해 이루어질 것입니다.

5. 혼돈과 공허가 어떻게 바뀌어 가는가?: 말씀과 성령으로

최초의 땅은 '혼돈(토후)'하고 '공허(보후)'한 상태입니다. 혼돈은 무질서한 상태를 말하며, 공허는 텅텅 비어 있는 상태를 말합니다. 하나님의 창조 사역은 본질적으로 혼돈을 바로잡는 것이었습니다.

땅의 혼돈(토후)과 공허(보후)의 상태를 하나님의 영이 바꾸어 가십니다.

즉, 무질서의 상태를 질서로 잡아가고, 공허와 텅텅 비어 있는 상태를 내용물로 채워 가시는 일을 하나님의 영이 하시는 것입니다. 그러므로 2절에서 나타난 혼돈과 흑암에 대한 언급은 하나님의 창조 목적이 혼돈과 흑암을 제거하여 온 세상에 하나님의 창조 질서를 세우시는 것임을 드러냅니다. 브루스 왈트키(Bruce K. Waltke)는 언약을 지키시는 이스라엘의 하나님께서 선하신 기쁨을 위해 혼돈을 제거하신다고 말합니다. 혼돈은 하나님에 의해 거부당합니다.[24]

그런데 중요한 것이 있습니다. 혼돈을 질서로, 공허를 충만으로 채워 가시는 방법이 무엇일까요? 바로 말씀입니다. 본문 1장에는 "이르시되"가 열 번 나옵니다. 하나님의 영이 "이르시되", 즉 말씀을 통해서 혼돈과 공허를 질서와 채움으로 바꾸어 가시는 것입니다. 성령은 말씀과 함께, 말씀을 통해 일하십니다.

주의 영을 보내어 그들을 창조하사 지면을 새롭게 하시나이다 (시 104:30)

'이르시되(아마르, 말씀)'의 역할

혼돈(토후)	➡	이르시되(아마르, 말씀)	➡	질서가 세워짐
공허(보후)	➡	이르시되(아마르, 말씀)	➡	충만으로 채워짐

---

24 브루스 왈트키, 김귀탁 역, 『구약신학』(서울: 부흥과개혁사, 2012), p. 209.

말씀이 들어와야 인생이 바뀐다

"이르시되(가라사대)"의 말씀이 10번 선포될 때마다 무질서(토후)가 질서로 바뀌고, 텅 빈(보후) 상태가 그 내용을 하나씩 하나씩 채워 갑니다.

인생도 마찬가지입니다. 하나님의 영만이 사람의 토후(혼돈/무질서)와 보후(공허)를 '질서와 채움'으로 바꾸어 가실 수 있습니다.

예수를 믿기 전에는 누구든지 그 인생이 다 토후(혼돈)하고 보후(공허)합니다. 그런 사람 안에 질서와 채움을 갖게 하는 것이 말씀을 통해 일하시는 성령의 사역입니다. 먼저 우리 안에 말씀이 들어오면 삶의 질서가 세워지고, 말씀으로 채워지면 공허한 삶에 채워짐의 역사가 있는 것입니다. 그러므로 말씀의 능력을 믿어야 합니다. 부지런히 말씀을 배우고 가까이해야 합니다. 그러면 인생이 달라집니다.

하나님의 영이 수면 위를 운행하심 - '라하프'

하나님의 영이 수면 위에 운행하십니다. 이때 "운행하다"라는 히브리어는 '라하프(רחף)'입니다. '라하프'의 의미는 이렇습니다. 신명기 32장 11절에는 이스라엘을 향한 하나님의 독수리 훈련이 소개되고 있습니다.

마치 독수리가 자기의 보금자리를 어지럽게 하며 자기의 새끼 위에 너풀거리며 그의 날개를 펴서 새끼를 받으며 그의 날개 위에 그것을 업는 것 같이 (신 32:11)

어미 독수리가 새끼들을 훈련시킬 때 처음에는 어미가 새끼 위에서 날개를 너풀거립니다. 그리고 새끼를 둥지에서 떨어뜨립니다. 그런데 날갯짓이 미숙한 새끼가 제대로 날지 못하면 어미가 추락하기 전에 쏜살같이 다가와 낚아챕니다. 그리고 이런 과정은 반복됩니다. 이것이 독수리 훈련입니다. 이때 어미가 새끼 위에 날갯짓하며 맴도는 것을 '라하프(רחף)'라고 합니다.

어떤 학자들은 어미 닭이 달걀을 부화시키려고 품고 감싸고 있는 단어라고 설명하기도 합니다. 이렇게 토후와 보후 상태에 있는 땅을 바꾸기 위해 하나님의 영이 만물을 품고 계시는 모습을 성령이 운행하신다고 말하는 것입니다.

6. 천지창조 기사의 구조

복잡해 보이는 6일의 창조 기사는 사실은 매우 정교한 구조를 가지고 있습니다. 이것을 프레임(frame, 틀) 이론이라고 합니다. 6일 창조 사역을 크게 나누면 먼저 배경(틀)을 만드시고 그 후에 내용을 채우시는 것으로 이해됩니다.

첫째 날, 둘째 날, 셋째 날은 배경(틀/공간)을 만드셔서 보후(무질서)한 만물의 질서를 잡아갑니다. 넷째 날, 다섯째 날, 여섯째 날은 첫째 날부터 셋째 날까지 만드신 공간에 들어갈 내용을 채우심으로 공허(보후)를 충만으로 채워 가시는 것입니다.

배경과 내용 창조

배경(공간)을 만드심		배경(공간)을 만드심	
첫째 날	빛, 어두움 → 낮, 밤(1:1-5)	넷째 날	해, 달, 별(1:14-19)
둘째 날	궁창(1:6-8) → 윗물, 아랫물	다섯째 날	새, 물고기(1:20-23)
셋째 날	바다, 육지 → 식물(1:9-13)	여섯째 날	짐승, 사람(1:24-31)
일곱째 날	하나님께서 안식하심(2:1-3)		

첫째 날은 낮과 밤이라는 배경을 만드시는데, 넷째 날에 낮과 밤을 주장할 내용을 해, 달, 별로 채우십니다. 그리고 둘째 날은 윗 궁창의 배경을 만드시고 다섯째 날은 그곳을 채울 새를 만드십니다. 셋째 날은 바다와 육지를 분리하시고, 여섯째 날은 육지에 살 짐승과 사람을 창조하십니다.

이와 같이 첫째 날에서 셋째 날은 배경, 넷째 날에서 여섯째 날은 내용을 채우신 것입니다.

한 치의 오차도 없는 하나님의 일하심

창조 사역에 나타난 하나님의 일하심은 질서 있고, 체계적이며, 조직적이고 치밀하십니다. 이렇게 치밀하신 하나님께서는 우리의 인생도 치밀하게 인도하십니다. 우리의 삶이 복잡하고 꼬인 것 같아도 하나님은 우리의 인생에 대한 계획을 가지고 한 치의 오차 없이 정확하게 일하고 계십니다. 나는 실수가 없으신 하나님의 온전하심을 믿습니까?

7. 첫째 날

하나님이 이르시되 빛이 있으라 하시니 빛이 있었고 빛이 하나님이 보시기에 좋았더라 하나님이 빛과 어둠을 나누사 하나님이 빛을 낮이라 부르시고 어둠을 밤이라 부르시니라 저녁이 되고 아침이 되니 이는 첫째 날이니라 (창 1:3-5)

빛과 어둠을 나누심: 빛/어둠, 낮/밤

첫째 날에 하나님께서 빛과 어둠을 나누고 가르신 것은 예수 그리스도를 통한 구속 사역을 염두에 두고 하신 일입니다. 이미 서론에서 말한 것처럼 성경 해석의 방법 중에서 원저자, 원 독자의 관점은 매우 중요합니다.

원독자의 입장에서 창조 기사 1장을 이해해야 창세기를 더욱 깊이 이해할 수 있습니다. 여기서 빛과 어둠, 낮과 밤, 바다와 육지를 계속 나누고 가르는 이유는 무엇일까요? 지금 이 글을 읽고 있는 사람들은 가나안 땅에 들어가서 하나님 나라를 세워야 할 출애굽 1세대, 혹은 2세대입니다. 특히 출애굽 2세대는 3개월 후에 가나안 땅에 들어가서 가나안 족속과 섞이지 않고 하나님 나라를 세워야 하는 자들입니다. 바로 이러한 이유로 인해 하나님께서 계속 나누고 가르고 구별하는 사역을 하고 계신 것입니다.

더욱이 창세 1장의 창조 기사가 타락한 인류를 다시 재창조하는 구속 사역의 의미를 담고 있다면, "나누었다"라는 표현도 그냥 나오는 것이 아니라고 볼 수 있습니다. 예수 그리스도의 구속 사역이 구별의 역사인 것처럼, 성경의 역사도 구별의 역사입니다. 하나님의 아들과 사람의 딸, 가인 계열과 셋 계열의 구별, 알곡과 가라지의 구별, 양과 염소의 구별 등입니다.

섞이면 심판이 온다

모세가 출애굽을 한 이스라엘 백성에게 창세기 1장부터 '나눔의 역사'를 강조하고 있는 이유는 무엇일까요? 그것은 얼마 후면 가나안 땅에 들어가서 가나안 문화를 정복하고 그 땅에 하나님 나라를 세워야 하는 하나님의 백성인 이스라엘을 위한 경고로 볼 수 있습니다. 이스라엘 백성은 애굽의 가치로부터 가나안의 가치로 구별되어야 하는 사람들입니다. 그러기에 하나님은 창조 기사를 통해 '나눔의 역사' '구별의 역사'를 강조하고 있는 것입니다. 나는 이 세상의 가치와 풍습에서 구별되어 살고 있습니까?

어둠을 물리치는 빛

하나님께서 "빛이 있으라" 하시면 어둠은 물러갑니다. 마찬가지로, 우리의 마음과 인생에 하나님의 빛이 임하면 영적 어둠은 사라집니다. 빛이신 예수 그리스도와 말씀이 내 삶에 들어오게 하는 길은 무엇인가요?

빛이 있으라 하시니 빛이 있었고

이때 "빛"은 태양이 아닙니다. 왜냐하면 태양은 넷째 날 창조되기 때문입니다. 그러면 이때 빛은 무엇일까요? 어떤 사람들은 이 빛이 예수 그리스도라고 말합니다. 그러나 빛도 하나님이 만드신 피조물이기에 이 빛을 예수 그리스도라고 하는 것은 무리가 있어 보입니다. 필자는 이것을 바울이 말한, 그리스도의 얼굴 안에 있는 하나님을 아는 영적인 빛으로 봅니다.

어두운 데에 빛이 비치라 말씀하셨던 그 하나님께서 예수 그리스도의 얼굴에 있는 하나님의 영광을 아는 빛을 우리 마음에 비추셨느니라 (고후 4:6)

그대로 되니라

첫 1장에는 "그대로 되니라"가 6번 나옵니다.

하나님 보시기에 좋았더라-'토브'

"좋았더라"라는 단어는 히브리어로 '토브(טוֹב)'입니다. 토브라는 단어는 창세기 1장에 7번 나오는데, 이 단어는 '좋았다'라는 뜻입니다. 선악을 알게 하는 나무를 말할 때 선이 '토브'이며, 악은 '라아(רַע)'입니다. 그래서 선악과는 '토브와 라아의 나무'입니다.

토브는 단순히 외형이 눈에 보기에 좋았다는 것 이상의 의미입니다. 히브리어에서 토브는 '어떤 피조물이 하나님께서 창조하신 목적과 계획에 일치하고 있을 때 하나님의 마음에 좋은 것'을 의미합니다. 그러므로 하나님께서 해와 달과 별을 만드시고 좋으셨다는 것은 '외형이 보기 좋았다'라는 것이 아니라 해든, 달이든, 별이든 각자의 자리에서 하나님의 목적과 계획을 온전하게 이루고 있었기 때문에 토브(좋았다)라고 말하는 것입니다.[25]

---

25 고든 웬함, 『창세기(상): 1-15』(서울: 솔로몬, 2001), p. 108.; 김의원, 『창세기 연구』(서울: CLC, 2013). p. 54.

'토브'의 인생을 살라

성도는 내가 보기에 좋은 인생이 아니라 하나님의 토브를 살아야 합니다. 성도들이 각자의 자리에서 하나님 나라를 위해 하나님의 목적과 계획을 온전히 이루고 있을 때, 하나님께서 그런 나를 보시며 '토브'라고 하시는 것입니다. 요한복음 17장 4절에 예수님께서 기도하시기를 "아버지께서 내게 하라고 주신 일을 내가 이루어 아버지를 이 세상에서 영화롭게 하였사오니"라고 하시는데, 이 말씀이 바로 '토브'를 풀어서 말씀하신 것입니다.

저녁이 되고 아침이 됨

: 예수 그리스도의 구속 사역의 성격은 무엇인가?

히브리인들의 하루 계산법은 저녁부터 아침까지입니다. 히브리인들은 왜 하루를 저녁으로 시작해서 아침으로 끝내고 있을까요? 일반적인 해석은 이를 히브리 사람들의 특별한 문화로 보는 것입니다. 그러나 이것은 그 이상의 의미들을 가지고 있다고 생각합니다. 창조 기사 안에 그리스도의 구속 사역과 재창조 사역을 숨겨 놓고 있다는 필자의 주장에 동의한다면 다음과 같은 설명도 이해할 수 있을 것입니다. 구속과 재창조는 어둠과 밤으로부터 광명과 낮으로 바뀌는 과정입니다. 그러므로 "저녁이 되고 아침이 되니"는 구속 사역과 재창조 사역이 무엇인지를 드러냅니다.

8. 둘째 날: 궁창과 물을 나누심

하나님이 이르시되 물 가운데에 궁창이 있어 물과 물로 나뉘라 하시고 하나님이 궁창을 만드사 궁창 아래의 물과 궁창 위의 물로 나뉘게 하시니 그대로 되니라 하나님이 궁창을 하늘이라 부르시니라 저녁이 되고 아침이 되니 이는 둘째 날이니라 (창 1:6-8)

이르시되(아마르) 그대로 되니라

둘째 날도 역시 '아마르'의 역사가 반복됩니다. 그리고 하나님께서 말씀하시면 그대로 됩니다. 하나님은 궁창을 만드시고 그 궁창을 하늘이라 부르십니다. 그리고 물을 궁창 위의 물과 궁창 아래의 물로 나뉘게 하시는데, 하나님께서 말씀하신 그대로 됩니다. 궁창은 우리가 말하는 대기권을 의미합니다. 둘째 날도 역시 윗물과 아랫물로 나누는 구별의 역사가 있었습니다. 출애굽 때에 홍해의 물이 둘로 갈라진 것을 경험한 이스라엘 백성은, 둘째 날 궁창을 중심으로 물이 두 개로 갈라졌다는 창조 기사가 매우 현실감 있게 느껴졌을 것입니다.

9. 셋째 날: 땅과 바다를 나누심, 땅에 식물을 내심

하나님이 이르시되 천하의 물이 한 곳으로 모이고 뭍이 드러나라 하시니 그대로 되니라 하나님이 뭍을 땅이라 부르시고 모인 물을 바다라 부르시니 하나님이 보시기에 좋았더라 하나님이 이르시되 땅은 풀과 씨 맺는 채소와 각기 종류대로 씨 가진 열매 맺는 나무를 내라 하시니 그대로 되어 땅이 풀과 각기 종류대로 씨 맺는 채소와 각기 종류대로 씨 가진 열매 맺는 나무를 내니 하나님이 보시기에 좋았더라 저녁이 되고 아침이 되니 이는 셋째 날이니라 (창 1:9-13)

셋째 날에 하나님은 천하의 물이 한 곳으로 모이게 하셨고, 이에 뭍이 드러났습니다. 그리고 뭍을 땅, 물을 바다라 칭하십니다. 역시 하나님께서 말씀하신 그대도 됩니다.

하나님은 왜 바다와 땅을 분리하셨을까요? 이것도 구속사적 의미를 가집니다. 성경에서 말하는 '바다'는 단순히 물의 개념이 아닙니다. 요한계시록 21장 1절에 보면 처음 하늘과 처음 땅이 없어진 새 하늘 새 땅에 다시는 바다가 없습니다. 왜일까요? 요한계시록의 저자는 사탄인 용이 영원한 심판을 받아서 사탄의 나라, 세상 나라, 어둠의 나라가 완전히 멸망당하고, 예수 그리스도께서 다스리시는 새 하늘 새 땅이 시작되자 "바다도 다시 있지 않더라"라고 말하고 있습니다. '용의 멸망'과 '다시는 바다가 없다'라는 것은 연관이 있습니다. 바다가 물의 개념이라면, 새 하늘 새 땅에는 바다뿐만 아니라 생명수의 강도 없어야 하는데, 요한계시록 22장에 보면 생명수의 강이 나옵니다. 그러므로 구속사적 의미에서 바다는 하나님 나라를 대적하는 세상 나라, 악의 나라를 뜻하는 것입니다(물론 문맥에 따라 자연적 바다를 의미할 때도 있습니다. 이것은 전후 문맥의 의미를 살펴봐야 합니다).

창조 기사에서 셋째 날에 바다가 땅을 다 덮고 있었는데 이것을 나누고 땅을 드러내는 것은 구속 사역의 관점에서 보면 바다로부터 땅을 구원해 내는 것입니다. 그래서 물과 땅을 구별하는 것입니다.

출애굽기 14장에서 이스라엘 백성이 홍해를 건널 때 '마른 땅'을 건넙니다. 세상 세력을 상징하는 바다로부터 땅을 구원해 내는 구속 역사 이야기를 하고 있는 것입니다.

창세기 1장을 창조 기사로 보면 단순하지만, 재창조와 구속 사역까지 연결해서 보면 훨씬 깊은 의미를 끌어낼 수 있습니다.

하나님께서 "풀과 씨 맺는 채소와 각기 종류대로 씨 가진 열매 맺는 나무를 내라"고 하시니 그대로 되었습니다. 셋째 날의 풀과 채소, 열매는 그 대칭인 여섯째 날에 만들어질 짐승과 사람을 위한 세팅입니다. 또한 나무를 표현할 때 열매 맺는 나무라고 한 것은, 원독자 입장에서 보면 이스라엘 백성이라는 나무에게 열매를 요구하고 계심을 의미합니다. 하나님은 당신의 백성들에게 꽃이 아닌 열매를 요구하십니다.

이렇듯 첫째 날부터 셋째 날까지는 공간과 배경을 만드시고, 이제 넷째 날부터는 내용을 채우실 것입니다.

창조 기사를 통해 이스라엘이 깨달아야 할 것

출애굽 9번째 흑암 재앙을 경험한 이스라엘 백성들은(이스라엘이 살던 고센 땅에만 빛이 있었고, 애굽 전역에 흑암이 임했다) 창조 기사의 첫날에 하나님께서 어둠을 빛으로 몰아내시고 빛과 어둠을 나누셨다는 선포가 피부로 느껴졌을 것입니다. 또한 셋째 날에 하나님께서 땅이 풀과 씨 맺는 채소와 열매 맺는 나무를 내도록 명령하셨다는 모세의 선포를 통해 이스라엘은 자신들에게 곡식과 채소와 열매를 주시는 분이 애굽의 신들이나 가나안의 신들이 아니라 오직 창조주 하나님이심을 깨달았을 것입니다. 가나안 땅의 신화는 땅에 곡식을 주는 신이 바알(Baal)이라고 말합니다. 바알 신화에서는 한 해의 마지막에 바알이 죽음의 신 모트(Mot)에 의해 죽임을 당하나, 아내 아나트의 도움으로 바알이 그다음 해 봄에 부활하는데, 이때 땅에는 각종 식물과 채소, 곡식이 자라난다고 말합니다. 가나안 땅에 들어가야 할 이스라엘 백성은 창조 기사를 통해서 땅의 곡식과 열매를 주는 분이 누구인지를 분명히 깨달았을 것입니다. 또한 하나님께서 각종 나무를 만드셨다는 것은 애굽의 신화인 '프타(Ptah) 신화'에 젖어 있던 이스라엘 백성의 시각을 교정합니다. 프타는 각종 신들과 신들이 들어갈 각종 나무와 돌을 만들었다고 합니다. 그러나 창세기 1장은 각종 나무들은 그저 하나님의 피조물들이며, 결코 이 나무를 신처럼 섬기지 말 것을 가르칩니다.[26]

10. 넷째 날: 낮과 밤을 나누심, 해와 달과 별

하나님이 이르시되 하늘의 궁창에 광명체들이 있어 낮과 밤을 나뉘게 하고 그것들로 징조와 계절과 날과 해를 이루게 하라 또 광명체들이 하늘의 궁창에 있어 땅을 비추라 하시니 그대로 되니라 하나님이 두 큰 광명체를 만드사 큰 광명체로 낮을 주관하게 하시고 작은 광명체로 밤을 주관하게 하시며 또 별들을 만드시고 하나님이 그것들을 하늘의 궁창에 두어 땅을 비추게 하시며 낮과 밤을 주관하게 하시고 빛과 어둠을 나뉘게 하시니 하나님이 보시기에 좋았더라 저녁이 되고 아침이 되니 이는 넷째 날이니라 (창 1:14-19)

하나님은 넷째 날에 해와 달, 별을 만드셔서 낮과 밤을 주관하게 하셨습니다. 첫째 날 낮과 밤이라는 공간에 들어갈 내용을 채우시는 것입니다.

원독자 관점으로 본 해와 달과 별

창세기의 저자는 창세기의 첫 장부터 하나님께서 해와 달과 별들을 창조하셨다고 선포합니다.

---

26 기동연, 『창조부터 바벨까지』(서울: 생명의양식, 2009), p. 57.

이것은 원독자 관점에서 의미가 더 깊어집니다. 창세기는 3개월 후면 가나안 땅에 들어가 거룩한 하나님 나라를 세워야 하는 모압 평지에 있는 출애굽 2세대들을 위해 쓰인 책입니다. 그런데 모세는 하나님께서 해와 달과 별을 만드셨다는 것을 왜 강조하고 있는 걸까요? 원저자인 모세의 의도는 무엇일까요? 모세는 원독자들에게 무엇을 말하고 싶었던 것일까요?

이스라엘 백성이 가나안 땅에 들어가게 될 때 가나안 사람들이 하는 것처럼 해, 달, 별을 섬겨서는 안 된다는 것, 즉 일월성신에 대한 우상숭배를 경고하고 있는 것입니다. 가나안 사람들에게 해, 달, 별은 신이기 때문입니다. 모세는 이스라엘 백성들에게 해, 달, 별이 섬겨야 하는 신이 아니라 하나님의 피조물에 불과함을 선포하고 있습니다.

마찬가지로 가나안 정복 시에 여호수아의 기도를 통해 하나님께서 태양을 멈추게 하신 것도 이스라엘 백성에게 '태양은 하나님으로부터 통제받는 피조물에 불과하다'라는 것을 가르치시기 위함입니다.

묵상과 삶의 적용

창조 기사를 통해 본 십계명

창조 기사를 보면 십계명이 보입니다. 예를 들어, 하나님께서 우주 만물을 만드시고 해, 달, 별을 창조한 분이시기 때문에 하나님 외에 다른 신들을 섬기지 말아야 하며(1계명), 오직 인간만이 하나님의 형상을 입은 존재이기에 신의 형상들을 만들어 우상을 섬기지 말아야 하며(2계명), 일곱째 날에 하나님께서 안식하시고 이날을 거룩하게 구별하셨기에 안식일을 지켜야 하며(4계명), 노아의 술 취함과 벌거벗음, 함의 폭로 사건을 통해 부모를 공경해야 함을 가르치며(5계명), 사람이 하나님의 형상대로 지음을 받았기 때문에, 사람을 죽이는 것은 하나님의 형상을 멸하는 것임을 가르칩니다(6계명). 이렇듯 창조 기사는 훗날 하나님께서 모세를 통해 주신 십계명의 토대가 됩니다.

11. 다섯째 날: 궁창의 새들, 바다의 생물들

하나님이 이르시되 물들은 생물을 번성하게 하라 땅 위 하늘의 궁창에는 새가 날으라 하시고 하나님이 큰 바다 짐승들과 물에서 번성하여 움직이는 모든 생물을 그 종류대로, 날개 있는 모든 새를 그 종류대로 창조하시니 하나님이 보시기에 좋았더라 하나님이 그들에게 복을 주시며 이르시되 생육하고 번성하여 여러 바닷물에 충만하라 새들도 땅에 번성하라 하시니라 저녁이 되고 아침이 되니 이는 다섯째 날이니라 (창 1:20-23)

진화론은 거짓이다

하나님은 다섯째 날에 공중의 새와 물에서 번성하여 움직이는 모든 생물을 그 종류대로, 날개 있는 모든 새를 그 종류대로 창조하십니다. 이는 둘째 날 만드셨던 궁창과 아래 물이라는 공간에 들어갈 내용을 채우시는 것입니다.

창세기의 저자는 하나님께서 모든 생물을 각기 그 종류대로 만드셨다고 선언합니다. 성경은 진화론을 거부합니다. 하나님께서 처음부터 모든 피조물을 각 종류대로 만들었음을 분명히 선포하고 있습니다.

생육, 번성, 충만

또한 하나님께서는 모든 생물과 새에게 복을 주시며 생육하고, 번성하여, 땅에 충만하라고 말씀하십니다. 하나님은 복 주시는 하나님이십니다. 생육과 번성과 충만은 하나님의 축복이자 명령입니다.

복은 바알이 아니라 하나님께서 주시는 것입니다

창조 사역의 다섯째 날, 하나님은 바다의 생물들과 하늘의 각종 새를 창조하시고, 이들에게 복을 주시며 생육하고 번성하라고 하십니다(1:22). 이는 창세기의 저자인 모세가 가나안 땅에 들어가 살아야 하는 백성들에게 복을 주는 신이 누구이신가를 가르치는 것입니다. 가나안 땅에 풍요를 주는 신으로 불리는 바알이 아니라 천지 만물을 창조하시고, 다스리시는 창조주인 하나님께서 복을 주시는 분이심을 선포합니다.

12. 여섯째 날: 땅의 짐승과 가축, 기는 것, 사람

하나님이 이르시되 땅은 생물을 그 종류대로 내되 가축과 기는 것과 땅의 짐승을 종류대로 내라 하시니 그대로 되니라 하나님이 땅의 짐승을 그 종류대로, 가축을 그 종류대로, 땅에 기는 모든 것을 그 종류대로 만드시니 하나님이 보시기에 좋았더라 하나님이 이르시되 우리의 형상을 따라 우리의 모양대로 우리가 사람을 만들고 그들로 바다의 물고기와 하늘의 새와 가축과 온 땅과 땅에 기는 모든 것을 다스리게 하자 하시고 하나님이 자기 형상 곧 하나님의 형상대로 사람을 창조하시되 남자와 여자를 창조하시고 하나님이 그들에게 복을 주시며 하나님이 그들에게 이르시되 생육하고 번성하여 땅에 충만하라, 땅을 정복하라, 바다의 물고기와 하늘의 새와 땅에 움직이는 모든 생물을 다스리라 하시니라 하나님이 이르시되 내가 온 지면의 씨 맺는 모든 채소와 씨 가진 열매 맺는 모든 나무를 너희에게 주노니 너희의 먹을거리가 되리라 또 땅의 모든 짐승과 하늘의 모든 새와 생명이 있어 땅에 기는 모든 것에게는 내가 모든 푸른 풀을 먹을 거리로 주노라 하시니 그대로 되니라 하나님이 지으신 그 모든 것을 보시니 보시기에 심히 좋았더라 저녁이 되고 아침이 되니 이는 여섯째 날이니라 (창 1:24-31)

하나님은 여섯째 날에 가축과 기는 것과 땅의 짐승을 각각 그 종류대로 만드셨습니다. 이것은 셋째 날의 땅이라는 공간에 들어갈 내용을 채우시는 것입니다.

사람 창조

하나님은 마지막 날 사람을 창조하십니다. 사람의 창조가 모든 창조의 하이라이트이기 때문입니다. 그런데 사람의 창조에는 다른 피조물의 창조와는 다른 독특한 특징이 있습니다.

하나님의 형상대로 창조됨
: 우리의 형상을 따라 우리의 모양대로

하나님은 사람을 창조하실 때에 하나님의 형상을 따라 만드셨습니다. 사람이 하나님의 형상대로 창조되었다는 선언은 당시의 이스라엘 백성들에게 혁명적인 의미로 받아들여졌을 것입니다. 고대사회에서는 오직 왕만이 신적 존재이며, 신의 형상이라고 여겨졌고, 노예들은 짐승보다 못한 취급을 받고 있었기 때문입니다. 하나님은 사람을 존귀한 존재로 만드셨습니다. 여기서 '우리'라는 말을 통해 어떤 학자들은 삼위일체 신학을 끌어내기도 합니다. '형상'이라는 단어는 '첼렘(צֶלֶם)', 모양은 '데무트(דְּמוּת)'입니다. 하나님은 그분의 '형상(첼렘)'과 '모양(데무트)'대로 사람을 만드셨습니다.

즉, 하나님은 인간을 '하나님을 닮게 만들었다'는 것입니다. 인간은 하나님처럼 무한하고 전능하고 전지하지는 않지만(비 공유적 속성), 하나님처럼 지정의를 가지고 있어서 판단력, 이해력, 창조력, 기쁨과 슬픔의 감정, 의사결정에 대한 자유의지를 가지고 있습니다(공유적 속성). 또한 하나님의 도덕적 성품인 사랑, 자비, 용서, 거룩 등을 가지고 있는 존재가 사람입니다.

그러면 왜 하나님의 모양을 닮게 만들었을까요? 거기에는 세 가지 목적이 있습니다.

첫째 목적은 하나님과 사람과의 교제, 사귐 때문입니다

다른 어떤 피조물도 하나님의 형상대로 지어지지 않았습니다. 하나님의 형상대로 지어진 피조물은 오직 사람뿐입니다. 하나님께서 우리와 교제하시려면 하나님께서 우리의 수준처럼 낮아지시든지 우리가 하나님처럼 높아지든지 해야만 합니다. 하나님께서는 인간을 하나님의 수준처럼, 하나님 닮게 만들어서 교제하기를 원하신 것입니다. 이렇듯 하나님은 사람을 당신과 교제하고 동행하며, 하나님 나라를 위해 동역하는 동역자로 존귀하게 만드셨습니다. 이것은 당시 고대 근동의 창조 설화에서 묘사된 '인간상'과는 근본적으로 다른 것입니다. 바벨론 창조 설화인 에누마 엘리시에서는 인간은 신들의 지배를 받는 종에 불과합니다(뱀신인 '킹구[kingu]'의 종). 이런 점에서 창세기 1장의 인간 창조는 다른 창조 설화와 근본적인 차이를 보이는 것입니다.

마가복음 3장에서 주님께서 12명의 제자를 부르실 때 세 가지 목적으로 부르셨다고 기록하고 있습니다. '나와 함께, 전도하게, 귀신을 내쫓도록' 하셨습니다. 이 세 가지 목적 중에 제일 처음은 '나와 함께 있게 하시기 위해서'입니다.

또 산에 오르사 자기가 원하는 자들을 부르시니 나아온지라 이에 열둘을 세우셨
으니 이는 자기와 함께 있게 하시고 또 보내사 전도도 하며 귀신을 내쫓는 권능
도 가지게 하려 하심이러라 (막 3:13-15)

둘째 목적은 사명적 차원입니다

하나님께서 인간만을 당신의 형상대로 만드신 이유는 인간에게 사명이
있기 때문입니다. 보이지 않는 하나님을 이 땅에 드러내는 존재가 필요합
니다. 하나님을 닮아 하나님께서 누구이신지를 보여 주는 통로가 필요했습
니다. 사람은 보이지 않는 하나님을 드러내는 사명적 존재입니다.

골로새서에서는 예수님을 "보이지 아니하는 하나님의 형상이시요"라고
말씀하고 있습니다.

그 아들 안에서 우리가 속량 곧 죄 사함을 얻었도다 그는 보이지 아니하는 하나
님의 형상이시요 모든 피조물보다 먼저 나신 이시니 (골 1:14-15)

예수님께서 이 땅에 오신 이유 중 하나도 보이지 않으시는 하나님을 보
여 주시기 위함이었습니다.

본래 하나님을 본 사람이 없으되 아버지 품 속에 있는 독생하신 하나님이 나타
내셨느니라 (요 1:18)

요한복음에서 예수님을 '말씀'이라고 한 것은 이유가 있습니다. 말이란
누군가를 나타내고 설명하는 기능을 가집니다. 예수님을 말씀이라고 한 여
러 가지 이유 중의 하나는, 예수께서 보이지 않는 하나님을 나타내고 드러

내고 설명하는 자임을 의미하는 것입니다.

오직 성경만이 진정한 인간성을 회복시킵니다

현대사회는 하나님의 형상으로서의 인간의 존귀함을 잃어버리고 있습니다. 현대사회
는 인간을 돈의 노예, 성의 노예, 권력자들의 소모품으로 전락시켰습니다. 사람들은
자신이 얼마나 소중한 존재인지도 모르며 살아갑니다. 그러므로 하나님 나라의 복음
을 통해 깨어진 인간상을 회복시켜야 합니다. 그리스도의 복음만이 인간을 참된 인간
으로 바라볼 수 있게 합니다.

신자의 사명

신자들은 작은 예수들로 살아가야 합니다. 하나님이 어떤 분이신지를 이 땅에서 드러
내는 삶을 살아야 합니다. 그래서 손해를 보아도 참고, 억울함을 당해도 참는 것입니
다. 왜냐하면 이 땅에서 하나님의 용서가 무엇인지, 하나님의 사랑이 무엇인지, 하나
님의 긍휼이 무엇인지, 하나님의 정의가 무엇인지를 드러내는 자로서 살아가는 자들
이 신자들이기 때문입니다. 나는 과연 하나님의 형상을 드러내며 살고 있습니까?

세 번째 목적은 대리 통치자(surrogate)의 역할입니다

하나님은 인간을 만드시면서 "모든 것을 다스리게 하자"라고 하셨습니
다. 인간은 하나님을 대신하여 이 땅을 다스리는 대리 통치자입니다. 그러
기에 인간의 통치는 하나님의 통치를 드러내야 하며, 인간 통치의 방식도

하나님의 통치 원리와 같아야 합니다. 하나님의 통치 원리는 의와 공의이며, 사랑과 용서이며, 겸손과 온유입니다.

고대 근동에서 왕은 자기와 똑같은 형상을 돌이나 나무로 깎아서 도시마다 세웠습니다. 왕의 형상을 닮은 조각상을 통해 그 지역의 통치자가 왕 자신임을 알렸습니다. "이 도시의 통치자, 이 마을의 통치자는 나다"라고 알리는 것입니다. 사람들은 왕의 형상이 새긴 돌이나 나무를 보는 순간 이 마을은 왕이 다스리는 곳임을 알게 되었습니다.

보이지 않는 하나님은 아담과 하와를 통해 당신의 통치를 실현하십니다. 아담과 하와는 하나님의 통치의 대리자였던 것입니다.

하나님의 형상이신 둘째 아담 예수 그리스도

하나님의 형상을 따라 지어진 첫째 아담은 탐욕으로 인해 그 사명에 실패했습니다. 그러나 하나님의 형상 그 자체이신, 둘째 아담이신 예수 그리스도는 하나님께 전적으로 순종하심으로 첫째 아담이 실패한 사명, 즉 왕과 제사장으로서의 사명을 완수하셨습니다.

그는 보이지 아니하는 하나님의 형상이시요 모든 피조물보다 먼저 나신 이시니 (골 1:15)

남자와 여자를 창조

하나님은 사람을 남자와 여자로 창조하셨습니다. 하나님께서 사람을 두 가지 성으로 창조하신 것에는 이유가 있습니다. 남자를 창조하신 것은 하나님의 부성적 측면을 드러내기 위함이고, 여자는 하나님의 모성적 측면을 드러내기 위해서 창조하셨습니다. 또한 남자와 여자가 동일하게 하나님의 형상대로 창조되었다는 것은, 당시 비천한 대우를 받으며 남자들의 소유물로 취급받고 있던 여자들을 남자와 대등한 존재로 인식하고 대접해야 함을 가르치는 것입니다.

하나님 나라 건설 명령

: 생육하고 번성하여 땅에 충만하라, 땅을 정복하라, 다스리라

하나님은 남자와 여자에게 복을 주십니다. 하나님은 복 주시는 하나님이시며, 사람은 하나님께서 주시는 복으로 살아가는 존재입니다.

하나님의 복은 사람이 생육하고 번성하여 땅에 충만하게 되는 것입니다. 이러한 생육과 번성과 충만의 복의 목적은 땅을 정복하고 다스리게 하기 위함입니다. 온 땅을 정복하고 다스리기 위해서는 먼저 생육하고 번성하고 땅에 충만해야 하는 것입니다. 여기서 "다스리다"라는 단어는 히브리어로 '아바드(עבד)'입니다. 아바드는 '일하다, 섬기다, 예배하다'의 의미입니다. 즉, 다스린다는 것이 권력으로 짓누르는 것이 아니라 만물을 섬기는 것이고, 그 섬김은 곧 하나님을 예배하는 행위임을 의미합니다. 아담의 사명은 일을 통해 하나님께서 지으신 피조물들을 섬기며, 이것을 통해 하나님을 예배하는 것이었습니다. 이것이 곧 예배이며 섬김입니다.

생육하고 번성하여 땅에 충만하고 땅을 정복하라는 말씀은 소위 '문화명령'이라고 합니다. 그러나 이 명령은 하나님 나라의 신학으로 볼 때 하나님 나라의 건설 명령으로 보입니다. 하나님께서 사람에게 말씀하신 5가지 동사 "생육, 번성, 충만, 정복, 다스림"의 명령은 에덴동산에 하나님 나라를 세우라는 '하나님 나라의 건설 명령'입니다. 하나님은 홍수 심판 이후에 노아에게도 똑같은 명령을 하십니다. 노아의 여덟 식구를 통해서 다시 하나님 나라를 재건하고자 하시는 것입니다.

땅을 정복하라, 다스리라

또한 "땅을 정복하라 … 모든 생물을 다스리라"라는 말을 통해 하나님 나라의 최초 모형인 에덴동산을 공격하는 어둠의 세력이 있을 것임을 암시합니다.

"정복하다(카바쉬[כבש], 지배하다), 다스리다(라다[רדה], 통치하다), 지키게 하다 (샤마르[שמר], 지키다, 감시하다, 창 2:15)"라는 단어들의 성격도 그렇습니다. 이런 단어들은 장차 하나님 나라를 도전하는 반대세력의 공격을 전제하는 것입니다.

천사의 타락 사건이 언제 있었는지 성경에서 언급하고 있지 않기 때문에 아무도 알 수 없지만, "정복하고 다스리고 지키라"라는 명령을 보면 이미 어둠의 세력들이 에덴동산을 노리고 있었다는 것을 알 수 있습니다.

아담과 하와가 가진 여러 가지 임무 중의 하나는 자신들을 포함한 에덴동산에 있는 모든 피조물을 지키고 다스리는 것이었습니다.

뱀이 하와에게 와서 말을 거는데, 뱀은 '나하쉬(נחש)'입니다. 그런데 여기서의 '나하쉬'라는 단어에는 정관사가 붙어 있습니다. '하 나하쉬', 즉 '그 뱀'입니다. 하와가 이미 알고 있고 늘 대화를 나누었던 그 뱀을 말하는 것입니다.

뱀이라는 생물은 하나님께서 만드신 피조물입니다. 그런데 그 뱀 안에 사탄이 들어온 것입니다. 아담은 에덴과 그 뱀에게 사탄이 들어오지 못하도록 지켜야 했습니다. 결국 아담이 이 사명을 감당하는 일을 소홀히 한 것이라고 볼 수 있습니다.

생육하고 번성해야 할 이유

하나님께서 아담과 하와에게 하신 명령은 하나님 나라의 건설 명령입니다. 아담과 하와가 생육하고 번성하고 땅을 정복하는 것도 하나님 나라를 세우기 위해서였습니다. 하나님께서 우리를 구원하시고 복을 주신 이유도 하나님 나라의 건설 때문입니다. 우리의 신앙은 지극히 개인적일 때가 많습니다. 나 하나 구원받고 내 가족이 축복받아 잘 먹고 잘사는 것 외에는 별로 관심이 없어 보입니다. 그러나 그리스도인들은 이 땅에서 보이지 않는 하나님의 형상을 드러내는 자로서 하나님 나라를 세우도록 부름을 받은 자들입니다. 이들이 정복하고 다스리려면 먼저 생육하고 번성하고 충만해야 하는 것입니다.

우리 교회가 먼저 생육하고 번성하고 충만해야 그 힘을 가지고 이 세상을 정복하고 다스릴 수 있습니다.

보시기에 심히 좋음

여섯째 날에 인간을 창조하심으로, 6일간의 천지창조는 마무리되었습니다. 하나님은 창조된 우주 만물을 보시며 "심히(메오드[אֹד]) 좋았다(토브)"고 말씀하십니다. 이는 6일간의 창조 사역이 하나님의 계획과 목적대로 이루어졌기 때문입니다.

창세기에 나타난 수미쌍관 구조

생육하고 번성하여 땅에 충만하라

창세기의 처음 부분과 끝부분에 같은 주제가 반복되어 나타남으로 창세기 전체를 감싸는 수미쌍관(inclusio) 구조를 이룹니다. 창세기 1장에 하나님은 인간에게 "생육하고 번성하여 땅에 충만하라"고 축복하십니다. 이 축복은 창세기 47장에서 이스라엘의 12지파가 "생육하고 번성하였더라"(창 47:27)는 표현에서 성취되었습니다.

하나님처럼 되기 vs 하나님을 대신하리이까

창세기 3장에서 아담은 선악과를 따먹음으로 '하나님처럼 되기'를 추구했습니다. 그러나 창세기의 마지막 부분인 창세기 50장에서 요셉은 보복을 두려워하고 있는 형들에게 "내가 하나님을 대신하리이까"라고 하며 자신이 심판자가 아님을 고백합니다. 이 부분 역시 창세기의 수미쌍관 구조를 드러냅니다.[27]

선악과 범죄가 선을(토브) 악으로(라) 바꾼 것이라면, 요셉의 용서는 형들의 악을 (라) 선으로(토브로) 바꾼 것입니다. 성경은 인간이 저지른 악(라)의 상태를 하나님이 보시기에 좋은 선(토브)으로 바꾸는 하나님의 역사를 기록하고 있습니다.

---

27 김재구, 『창세기 로드맵』(서울: 홍림, 2018), p. 53.

창세기 2장

사람의 창조와 안식

1. 안식하신 하나님: 천지와 만물을 다 이룸

천지와 만물이 다 이루어지니라 하나님이 그가 하시던 일을 일곱째 날에 마치시니 그가 하시던 모든 일을 그치고 일곱째 날에 안식하시니라 하나님이 그 일곱째 날을 복되게 하사 거룩하게 하셨으니 이는 하나님이 그 창조하시며 만드시던 모든 일을 마치시고 그 날에 안식하셨음이니라 (창 2:1-3)

하나님은 우주 만물을 6일 동안 창조하신 후 일곱째 날에 안식하셨습니다. 그리고 이날을 복되게 하사 거룩하게 하셨습니다. 안식은 '샤바트(שָׁבַת)'입니다. 하나님께서 안식하셨다는 것을 하나님께서 피곤해서 쉬셨다는 것으로 이해하는 것은 맞지 않습니다. 하나님께서 7일째에 안식하신 것은 6일 동안의 창조 사역이 더 이상 손댈 수 없을 만큼 완벽하게 완성되었기 때문입니다. 400년간 애굽의 노예로 살면서 전혀 안식을 누리지 못했던 이스라엘 백성들에게 이 '안식'이라는 단어는 큰 소망을 불러일으켰을 것입니다. 그런데 여호수아서를 통해서 보면 이스라엘 백성에게 안식이 임한 것은 정복 전쟁이 다 끝나고 난 후입니다.

묵상과 삶의 적용

주일은 안식을 누리는 날이다

주일은 하나님의 안식을 누리는 날입니다. 주일에 담긴 안식의 의미를 찾아봅시다. 우리가 일주일에 한 번씩 주일을 지킨다는 것은 하나님께서 나를 향해 하실 일이 완벽하게 이루어질 것에 대한 믿음을 일주일마다 고백하고 인생의 짐을 하나님께 내려놓고 맡기는 것입니다. 구약의 안식일 개념이 신약의 주일로 되었는데, 주일은 적어도 성도들이 안식을 누리는 날이어야 하는 것입니다.

우리 인생에 문제들이 산적해 있지만, 하나님께서 완벽하게 해결하실 것을 믿으며 일주일에 한 번씩 모든 것을 내려놓고 쉬는 것이 주일의 의미입니다. 당신은 주일마다 안식을 누리고 있습니까?

그 일곱째 날을 복되게 하사 거룩하게 하심(2:3)

하나님은 일곱째 날을 거룩하게 구별하셨습니다. 거룩은 '카도쉬(קָדוֹשׁ)'로 분리, 구별, 드려짐을 의미합니다. 주일은 하나님을 위해 분리하고 구별하고 드려진 날입니다. 그리고 하나님은 이날을 복되게 하셨습니다.

2. 땅과 하늘

이것이 천지가 창조될 때에 하늘과 땅의 내력이니 여호와 하나님이 땅과 하늘을 만드시던 날에 여호와 하나님이 땅에 비를 내리지 아니하셨고 땅을 갈 사람도 없었으므로 들에는 초목이 아직 없었고 밭에는 채소가 나지 아니하였으며 안개만 땅에서 올라와 온 지면을 적셨더라 (창 2:4-6)

창세기 2장에서는 하나님의 창조 사역이 다시 언급됩니다. 히브리 원문에서 1장은 '하늘과 땅'의 순서로 나오지만, 2장 4절에서는 '땅과 하늘', 즉 땅이 하늘보다 먼저 나옵니다. 그러나 혹자들의 말처럼 이것이 이중 창조를 의미하는 것은 아닙니다. 창세기 1장의 창조 기사와는 달리, 2장의 창조 기사는 '땅'과 '사람'을 좀 더 자세하게 강조하려고 일종의 클로즈업 기법을 쓴 것입니다.

톨레도트(내력, 족보, 사적)의 용법

'내력'은 히브리어로 '톨레도트$^{(\text{תּוֹלְדוֹת})}$'로, '족보, 사적, 내력' 등으로 번역
됩니다. 창세기에서 톨레도트는 10번$^{(2:4;\ 5:1;\ 6:9;\ 10:1;\ 11:10;\ 11:27;\ 25:12;\ 25:19;}$
$^{26:1;\ 37:2)}$ 나오는데 매우 중요한 용법이며, 이에 대해서는 창세기 5장에서
다시 설명할 것입니다.

2장에 나오는 사람 창조는 1장에 나오는 사건을 반복적으로 언급하되,
좀 더 구체적으로 설명하는 것입니다. 그러므로 2장의 아담을 창조하기 이
전에 1장에 또 다른 사람이 있었다고 생각하는 것은 바르지 않습니다. 이
런 주장을 '이중아담론'이라고 하며, 국내의 몇몇 이단들도 같은 주장을 합
니다.

3. 엘로힘 하나님에서 여호와 하나님으로

창세기 1장에서는 하나님을 '엘로힘'으로 묘사합니다. 엘로힘의 하나님
은 장엄복수$^{(莊嚴複數)}$형으로, 창조주 하나님, 초월자이신 하나님, 영광과 위
엄의 하나님을 묘사합니다. 그런데 창세기 2장 4절에서는 하나님의 이름이
여호와 하나님으로 바뀝니다. 혹자는 이런 다양한 하나님의 호칭들을 근거
로 모세오경이 4종류의 문서들의 편집본이라고 주장합니다. 성경에서 하
나님의 명칭이 바뀔 때는 문맥적 상황을 잘 살펴야 합니다. 엘로힘에서 여
호와로 이름이 바뀔 때에는 저자의 의도가 있는 것입니다. '여호와'는 구약

의 문맥에서 주로 언약과 관련된 이름입니다.

하나님께서 자신의 이름을 여호와로 계시한 최초의 사건은 출애굽기 6장에서 모세에게 이스라엘을 구원하실 것과 조상들에게 하신 언약을 반드시 이루실 것을 상기시키는 문맥에서 나옵니다.

그러므로 창세기 2장에서는 선악과 금지 명령과 연결해서 여호와의 이름을 이해해야 할 것입니다. 또한 우리가 주목해야 할 것은 창세기 2장 5절입니다.

"여호와 하나님이 땅에 비를 내리지 아니하셨고 땅을 갈 사람도 없었으므로 들에는 초목이 아직 없었고 밭에는 채소가 나지 아니하였으며"라는 말씀에서 우리는 땅에 비를 내리지 않은 분은 여호와 하나님이시라는 사실을 알 수 있습니다. 가나안 땅의 주신이며 폭풍과 비의 신인 바알이 비를 내리는 것이 아니라, 하나님께서 비와 풍요를 주시는 분임을 미리 선포하여 이스라엘 백성들이 바알에 빠지지 않게 하려는 모세의 의도를 우리는 파악할 수 있습니다.

4. 하나님의 영이 임한 사람

여호와 하나님이 땅의 흙으로 사람을 지으시고 생기를 그 코에 불어넣으시니 사람이 생령이 되니라 (창 2:7)

여호와 하나님은 땅의 흙으로 사람을 지으셨습니다. '지으셨다'라는 동사는 히브리어 '야차르(יצר)'로 토기장이가 진흙을 빚어 토기를 정성스럽게 만들 때 쓰는 동사입니다(사 29:16, 렘 18:2). 이는 하나님께서 다른 피조물과는 달리 인간을 창조하실 때 얼마나 정성을 더하셨는지를 드러냅니다. 인간은 하나님의 걸작품입니다. 하나님께서 사람에게만 그 코에 하나님의 생기(루아흐[חור])를 불어 넣으셨습니다.

사람과 짐승은 둘 다 흙으로 만들어졌지만, 짐승에게는 하나님의 생기, 곧 '루아흐'가 없습니다. 루아흐는 하나님의 영, 바람 등을 말하는데, 사람에게는 '하나님의 루아흐'가 있는 것입니다. 하나님의 영이 임하자 사람은 '생령(네페쉬[שׁפנ])'이 되었습니다. 즉, 영적 생명을 가진 존재가 된 것입니다.

티끌로 지어진 아담: 아파르

사람의 기본 재료는 흙(아파르[רפע])입니다. 아담은 '아파르(티끌)'에서 나왔습니다. 그런데 아파르는 '먼지, 티끌'이란 뜻입니다. 그러면 하나님이 왜 아담을 먼지, 티끌로 만드셨을까요?

아담에게 에덴동산을 통치할 수 있는 대리통치권을 주셨지만, 아담은 먼지, 티끌로 시작된 존재입니다. 아담의 시작이 먼지요 티끌인 사실을 잊지 말라는 것입니다. "너는 티끌인 것을 알아라 너의 시작은 티끌이다. 나의 영이 들어가 만물의 영장이 된 것뿐이다. 그러니 교만하지 말아라."고 하시는 것입니다.

사람이 자신이 먼지, 티끌인 '아파르'에서 시작되었음을 잊어버리는 순간 문제가 시작됩니다. 사람을 사람답게 하는 것은 바로 하나님의 영이시므로, 하나님의 영이 떠난 인간은 짐승처럼 살게 됩니다.

5. 에덴에 동산 창설: 하나님 나라의 최초 모델

여호와 하나님이 동방의 에덴에 동산을 창설하시고 그 지으신 사람을 거기 두시
니라 (창 2:8)

에덴동산은 하나님 나라의 최초의 모형입니다. 에덴동산에는 하나님 나
라의 3요소가 완벽하게 갖추어져 있습니다. 왕이신 하나님, 땅인 에덴동산,
백성인 아담과 하와가 하나님 나라의 3요소입니다. 하나님 나라는 이렇게
시작되었습니다.

에덴은 '기쁨'이란 의미입니다. 하나님께서는 인간을 기쁨의 울타리 안
에 거하게 하셨습니다. 하나님께서 인간에게 주신 최초의 삶은 기쁨입니
다. 그런데 안타깝게도 죄악이 이 기쁨을 빼앗아 갔습니다. 그러나 하나님
은 예수 그리스도 안에서 우리에게 다시 에덴, 즉 기쁨을 회복시키십니다.

하나님 나라의 축복 시스템

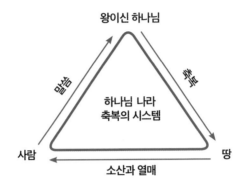

하나님 나라 축복은 원리가 있습니다. 그 나라의 왕이신 하나님께서 그 땅의 백성인 아담과 하와에게 말씀하시면, 그 나라의 백성인 아담과 하와는 그 왕의 명령에 사랑으로 순종합니다. 그러면 왕이신 하나님께서 그 땅을 복 주시고, 그 땅은 그 나라의 백성인 아담과 하와에게 소산과 열매를 냅니다.

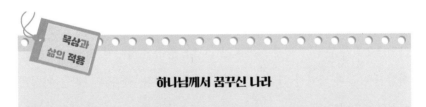

하나님께서 꿈꾸신 나라

하나님께서 꿈꾸신 나라는 위의 그림에 잘 나타나 있듯이 '제사장 나라'입니다. 하나님의 백성이 하나님의 말씀에 사랑으로 순종할 때 모든 영육 간의 복이 부어지고, 그 복이 열방으로 흘러나가며, 열방은 그 복을 보고 하나님께로 돌아오게 됩니다. 당신은 제사장 나라로 살고 있습니까?

에덴에서 흘러나온 네 개의 강

강이 에덴에서 흘러나와 동산을 적시고 거기서부터 갈라져 네 근원이 되었으니 첫째의 이름은 비손이라 금이 있는 하월라 온 땅을 둘렀으며 그 땅의 금은 순금이요 그곳에는 베델리엄과 호마노도 있으며 둘째 강의 이름은 기혼이라 구스 온 땅을 둘렀고 셋째 강의 이름은 힛데겔이라 앗수르 동쪽으로 흘렀으며 넷째 강은 유브라데더라 (창 2:10-14)

> 첫째: 비손강(풍성)-금이 있는 하월라 온 땅을 두름
> 둘째: 기손(퍼져나가다)-구스 온 땅에 두름
> 셋째: 힛데겔(화살처럼 빠르다)-앗수르 동쪽으로 흐름(티그리스강)
> 넷째: 유브라데(달콤)

　　에덴동산에서 네 개의 강이 흘러나와 땅을 적십니다. 성경에 나와 있는 강의 위치로 보아 최초의 에덴동산은 중동지역에 있었을 것으로 학자들은 추정합니다. 이 강들이 인류의 문명을 태동하게 하고 발전하게 했습니다. 에덴동산에서 동서남북으로 흘러내린 4개의 강을 통해 풍성하고 달콤한 하나님의 생수의 역사가 화살처럼 빠르게 온 세상에 퍼져나가고 있음을 의미합니다.[28]

　　에덴동산에서 흘러나온 네 강은 에스겔서에서 성전 문지방에서 흘러나오는 물로 이어지고, 요한계시록 22장에서 하나님 보좌로부터 흐르는 생명수의 강으로 완성됩니다.

28　김승년, 『창세기 읽기』(서울: CLC, 2019), p. 48.

에덴을 경작하며 지키게 하시고

여호와 하나님이 그 사람을 이끌어 에덴동산에 두어 그것을 경작하며 지키게 하시고 (창 2:15)

하나님은 아담을 이끌어 에덴동산에 두셨습니다. 아담이 에덴동산을 찾아 들어간 것이 아니라 하나님께서 그를 이끄신 것입니다. '경작하다'는 '아바드(עָבַד)'인데. 아바드는 '섬기다'라는 뜻을 가지고 있습니다. 그리고 '지키다'는 '샤마르(שָׁמַר)'인데 '보존하다, 지키다, 감시하다'라는 뜻입니다. 대리 통치자의 사명은 만물을 섬기고 보존하고 악에 물들지 않도록 지키는 것입니다. 또한 아담에게 부여된 사명인 '아바드'와 '샤마르'는 제사장의 임무와 관련된 용어입니다.

그들이 회막 앞에서 아론의 직무와 온 회중의 직무를 위하여 회막에서 시무하되, 곧 회막의 모든 기구를 맡아 지키며(샤마르), 이스라엘 자손의 직무를 위하여 성막에서 시무할지니(아바드) (민 3:7-8)

위에서 확인한 사실에 근거하면, 아담의 일차적 임무는 농사가 아니라 성전의 성격을 가지고 있는 에덴에서 하나님을 섬기며, 에덴을 지키는 제사장이었음을 알 수 있습니다.

첫째 아담은 에덴에서 만물을 다스리는 왕적 존재로, 하나님의 성전인 에덴을 지키고 섬기는 제사장으로, 또한 하나님의 말씀을 하와와 다른 사람들에게 전하는 선지자로서의 3중 임무를 가졌습니다. 그런데 첫째 아담은 이러한 3중 임무를 불순종으로 인해 다 상실하였습니다. 그러나 둘째 아담(마지막 아담)이신 예수 그리스도는 첫째 아담의 실패를 완전히 회복하셔서, 왕과 제사장과 선지자로서의 사명을 완벽하게 이루어 내셨습니다.

6. 생명나무와 선악을 알게 하는 나무

여호와 하나님이 그 땅에서 보기에 아름답고 먹기에 좋은 나무가 나게 하시니 동산 가운데에는 생명나무와 선악을 알게 하는 나무도 있더라 (창 2:9)

에덴동산에는 아름답고 먹기에 좋은 열매를 맺는 많은 나무가 있었고, 그중에는 생명나무와 선악을 알게 하는 나무도 있었습니다. 생명나무는 영생을 주는 나무입니다(창 3:22). 하나님께서 선악을 알게 하는 나무의 열매만을 먹지 못하게 명하신 것으로 보아, 아담과 하와는 이 생명나무의 열매를 먹을 수도 있었던 것으로 보입니다. 훗날 아담과 하와가 선악과 열매를 따먹는 죄를 범한 후에, 하나님은 사람들이 이 생명나무의 열매를 따 먹고 영생할까 하여 생명나무에 접근하는 길을 두루 도는 불 칼과 그룹들로 막으셨습니다. 구속사적 관점으로 보면, 이 생명나무는 영생을 주시는 예수 그리스도를 상징한다고 할 수 있습니다. 새 하늘과 새 땅이 완성된 요한계시록 22장에서 생명나무가 다시 등장합니다(계 22:1~3).

선악과 금령의 의미

여호와 하나님이 그 사람에게 명하여 이르시되 동산 각종 나무의 열매는 네가 임의로 먹되 선악을 알게 하는 나무의 열매는 먹지 말라 네가 먹는 날에는 반드

시 죽으리라 하시니라 (창 2:16-17)

하나님은 동산 중앙에 선(토브)과 악(라)을 알게 하는 나무, 즉 선악과나무
를 두셨습니다. 그리고 아담과 하와가 선악과를 먹으면 반드시 죽으리라고
하셨습니다. "반드시"는 '무트(מות)'로, 원문은 '무트 무트(מות מות)'로 2번 쓰고
있습니다. 강조입니다. '절대로 죽으리라, 반드시 죽으리라'는 것입니다. 그
런데 하나님이 선악과를 동산 중앙에 두신 이유가 무엇일까요?

눈에 제일 잘 띄는 에덴동산 중앙에 선악과를 두신 것이 하나님이 타락
의 단초를 제공했다는 의미는 아닙니다. 오히려 아담과 하와를 지키는 영
적인 안전장치로 두신 것입니다. 더 중요한 것은 선악과 금령을 통해 에덴
동산의 왕이 누구인가를 깨닫게 하려는 것이었습니다.

아담과 하와는 에덴동산에 있는 모든 나무와 채소를 먹을 수 있었지만,
선악과는 자신들의 임의대로 할 수 없었습니다. 아담은 하나님을 대신하여
땅의 모든 피조물들을 통치할 수 있는 만물의 영장, 대리 동치사로서의 전
권을 받았습니다. 그렇기 때문에 아담과 하와는 자칫하면 자신들이 에덴동
산의 주인(왕)인 줄 착각할 수 있는 위험이 있었습니다. 그러나 동산 중앙
에 있는 선악을 알게 하는 나무를 보는 순간 자신들이 주인이 아니라는 것
을 되새기게 되는 것입니다.[29] 자신들의 위에 순종하고 복종해야 할 권위가
있음을 깨닫게 됩니다. 다시 말해, 선악과 금령은 하나님과 같이 되고 싶은
인간의 교만을 막는 하나님의 거룩한 안전장치였던 것입니다.

그리고 이 선악을 알게 하는 나무를 통해 하나님께서는 "너희가 이 세상
의 왕이 아니다. 나 하나님이 왕이요 주인이다"라는 하나님의 왕 되심을 선

---

29 차준희, 『창세기 다시 보기』(서울: 대한기독교서회, 2002), p. 23.

언하고 있는 것입니다. 그러나 인간은 결국 선악과를 따 먹었습니다. 하나님과 같이 되고 싶은 마음에서 따 먹은 것입니다. 인간은 하나님의 왕권을 거역하였으며, 하나님을 밀어내고 자신이 하나님이 되고자 하였습니다. 하나님 나라의 핵심은 주권입니다. 백성이 왕의 주권에 순종하면 그 나라는 서게 되지만, 왕의 주권에 불순종하면 그 백성은 심판을 받게 됩니다. 그것이 하나님 나라의 원리입니다.

선악과 금령과 십계명

하나님께서 아담에게 먹을 수 있는 것과 먹을 수 없는 것을 구분하신 것은 훗날 십계명이 "하라(do)"는 명령과 "하지 말라(do not)"는 명령으로 나누어질 것을 암시합니다.

금지 명령은 나를 향한 사랑이다

아담과 하와에게 명하신 선악과 금지 명령은 아담과 하와를 지키시려는 하나님의 사랑이고 배려입니다. 이처럼 하나님께서 우리에게 하지 말라고 하시는 금령들도 우리를 향한 하나님의 사랑입니다. 하나님께서 내게 허락하지 않은 것들을 보면서 혹시 원망과 불평을 하고 있지는 않습니까? 아니면 하나님의 깊은 사랑과 인도하심에 감사하고 있습니까?

선악과 금지 명령의 더 깊은 의미

하나님께서 아담과 하와에게 선악을 알게 하는 나무의 열매를 먹지 말라고 하신 것에는 더 깊은 의미가 있습니다. 선과 악을 판단하시는 주체는 인간이 아니고 하나님이십니다. 인간이 하나님을 배제하고 자신의 기준을 가지고 선과 악을 판단하는 것 자체가 교만입니다. 즉, 무엇이 선이고, 무엇이 악인지를 인간 스스로 결정하는 것이 선악과를 따 먹는 행위입니다. 이는 인간이 선과 악을 판단하는 주체가 되어 스스로 하나님이 되겠다는 것이기 때문입니다. 그래서 하나님은 선악과를 먹지 말라고 하신 것입니다. 삶에서 하나님을 배제하고 선악 간 판단의 주체가 되어 스스로 결정하는 '선악과 범죄'를 짓고 있지는 않습니까?

7. 돕는 배필

여호와 하나님이 이르시되 사람이 혼자 사는 것이 좋지 아니하니 내가 그를 위하여 돕는 배필을 지으리라 하시니라 여호와 하나님이 흙으로 각종 들짐승과 공중의 각종 새를 지으시고 아담이 무엇이라고 부르나 보시려고 그것들을 그에게로 이끌어 가시니 아담이 각 생물을 부르는 것이 곧 그 이름이 되었더라 아담이 모든 가축과 공중의 새와 들의 모든 짐승에게 이름을 주니라 아담이 돕는 배필이 없으므로 여호와 하나님이 아담을 깊이 잠들게 하시니 잠들매 그가 그 갈빗대 하나를 취하고 살로 대신 채우시고 여호와 하나님이 아담에게서 취하신 그 갈빗대로 여자를 만드시고 그를 아담에게로 이끌어 오시니 아담이 이르되 이는 내 뼈 중의 뼈요 살 중의 살이라 이것을 남자에게서 취하였은즉 여자라 부르리라 하니라 이러므로 남자가 부모를 떠나 그의 아내와 합하여 둘이 한 몸을 이룰지로다 아담과 그

의 아내 두 사람이 벌거벗었으나 부끄러워하지 아니하니라 (창 2:18-25)

하나님은 사람이 혼자 사는 것이 좋지 않다고 하십니다. 남녀가 함께 살아야 하나님 보시기에 '토브'한 것입니다. 이처럼 가정은 인간의 행복을 위해 하나님께서 만드신 제도입니다.

내가 그를 위하여 돕는 배필을 지으리라

하나님은 남자를 돕는 배필로 여자를 만드십니다. 여기서 '돕는'이란 단어는 '에제르'입니다. 시편 121편에서 "나의 도움이 어디서 올까 나의 도움은 천지를 지으신 여호와에게서로다"라며 시인은 자신의 도움이 창조주 하나님으로부터 온다고 노래합니다. 이때의 도움이 바로 에제르입니다. 다시 말해, 남자를 돕는 여자의 도움은 바로 하나님께서 성도를 돕는 도움과 같은 것입니다. 남자는 여자의 도움으로 완성되고, 여자는 남자의 도움으로 완성됩니다. 또한 배필은 히브리어로 '크네그도(כְּנֶגְדּוֹ)'인데 이 단어는 '대등한, 짝을 이루는, 마주 보는'이란 의미입니다. 여자와 남자는 서로를 마주 보고 있는 동등한 짝이며, 서로 대등한 위치에서 서로를 돕고 섬기는 존재입니다.

그리스도의 신부인 교회: 돕는 배필의 사명

첫째 아담이 에덴동산을 다스리는 사명을 완수하는 일에 돕는 배필이 필요했던 것처럼, 둘째 아담으로 오신 그리스도도 자신의 임무와 사명을 감당하기 위해서 돕는 배필

(교회)이 필요하십니다. 또한 첫째 아담이 아내와 함께 생육하고 번성하라는 하나님의 명령을 수행하는 것처럼, 둘째 아담이신 그리스도도 돕는 배필인 교회와 함께 이 일을 이루십니다. 특히 창세기 1~3장은 그리스도의 구속 사역과 재창조 사역을 담아 놓고 있음을 알아야 합니다.[30]

아담을 깊이 잠들게 하심: 예수 그리스도의 구속 사역을 예표

하나님은 아담을 깊이 잠들게 하신 후 아담의 갈빗대 하나를 취하여서 그것으로 여자를 만드십니다. 여자는 남자의 갈빗대로부터 나왔습니다. 그래서 남녀가 연합할 때에 완전히 하나가 되는 것입니다. 여자는 남자에게 또 하나의 자신인 것입니다.

남자를 통해 여자를 만드신 것은 구속사적으로도 매우 중요한 의미를 가집니다. 구약성경은 오실 메시아를 말하는 그림자입니다.

그러므로 이 사건도 예수 그리스도와 신부인 교회를 예표하는 것으로 볼 수 있습니다. 하나님께서 아담의 신부를 만드시기 위해 아담을 깊이 잠들게 하신 것처럼, 예수님께서 당신의 신부들을 만드시기 위해 십자가에서 죽으실 것을 예표합니다. 성경에서 잠든다는 것은 죽음을 의미할 때가 있기 때문입니다.

그리고 여자가 남자의 갈빗대에서 나왔다는 것은 장차 예수님의 옆구리에서 흘리실 피로 만들어질 신부인 성도들을 상징하고 있는 것입니다. 아담의 옆구리에서 여자가 나왔듯이 신랑이신 그리스도의 옆구리가 창과 칼

---

30 존 페스코, 김희정 역, 『태초의 첫째 아담에서 종말의 둘째 아담 그리스도까지』(서울: 부흥과개혁사, 2012), pp. 197-204.

에 찔림으로, 물과 피를 다 쏟으셔서 얻게 될 신부인 교회와 성도를 미리 보여 주고 있는 것입니다. 오브라이언은 "하나님께서 처음에 결혼 제도를 만드셨을 때부터 하나님의 뜻은 결혼 관계를 통해 그리스도와 구속된 하나님의 백성과의 관계를 나타내는 것이었다"라고 말합니다.[31]

갈빗대로 여자를 만드신 이유

17세기 주석가 매튜 헨리는 하나님께서 아담의 갈빗대로 여자를 만드신 이유를 이렇게 설명했습니다. 만일 아담의 머리뼈로 여자를 만들었다면 여자가 남자를 지배했을 것이고, 만일 다리뼈로 만들었다면 여자가 남자의 지배를 받았을 것이기에, 갈빗대를 취하여 여자가 남자의 사랑을 받게 했다는 것입니다.

각 생물의 이름을 지음

하나님은 아담으로 하여금 각 생물의 이름을 짓게 하셨습니다. 누군가의 이름을 지어 준다는 것은 그의 정체성과 존재감을 부여하는 일입니다. 아담은 하나님의 대리 통치자로서의 사명을 감당합니다. 이것은 타락하기 전에 아담에게 주신 하나님의 지혜가 얼마나 큰지를 드러냅니다.

---

31 존 페스코, 김희정 역, 『태초의 첫째 아담에서 종말의 둘째 아담 그리스도까지』(서울: 부흥과개혁사, 2012), p. 197.

8. 여자를 남자에게 이끌어 오심

하나님은 여자를 아담에게 이끌어 오십니다. 이것은 하나님께서 그리스도의 신부들을 그리스도에게로 이끌어 오실 것을 의미합니다. 요한복음에서도 예수께서 동일한 말씀을 하셨습니다.

나를 보내신 아버지께서 이끌지 아니하시면 아무도 내게 올 수 없으니 오는 그를 내가 마지막 날에 다시 살리리라 (요 6:44)

여기서 '이끌다'는 히브리어로 '보(ב‎וֹא)'인데, 이 단어는 노아의 식구들이 '방주로 들어가다'에서 쓰인 단어와 같은 단어입니다.

노아는 아들들과 아내와 며느리들과 함께 홍수를 피하여 방주에 들어갔고 (창 7:7)

이는 내 뼈 중의 뼈요 살 중의 살이라

이 표현은 남자에게 여자는 바로 자기 자신이라는 의미입니다.

'남자'라는 단어는 '이쉬(אִישׁ)'이며, 여자는 '이쇠(אִשָּׁה)'입니다. 이쉬를 통해서 이쇠를 만든 것입니다. 죄가 아담과 하와를 갈라놓기 전의 남자와 여자는 사랑으로 완전히 하나로 연합된 존재였습니다.

연합의 비밀

하나님은 남자가 부모를 떠나 여자와 합하여 한 몸을 이룰 것을 말씀하십니다. 이것은 남녀의 결혼이 자신들의 부모로부터 육체적으로, 정신적으로, 경제적으로 떠나야 할 것을 가르칩니다. 다시 말해, 결혼은 부모에 대한 의존으로부터 독립하는 것입니다. 얼마나 많은 사람이 부모에 대한 의존을 버리지 못한 채 결혼생활을 함으로써 문제 가운데 사는지 모릅니다. 여기서 '합하여'는 히브리어로 '다바크(דָבַק)'입니다. '굳게 결합하다, 밀착하다'라는 의미입니다. 그러나 이 말씀은 단지 남녀 간의 결혼만을 의미하는 것이 아닙니다. 이는 신랑이신 그리스도가 하나님을 떠나 여자 곧 신부를 얻으실 것을 예표하는 구속사적인 의미가 있는 것입니다.

두 사람이 벌거벗었으나 부끄러워하지 않음

'벌거벗었다'는 '아롬'입니다. 이 단어는 '꾸밈없는, 가리지 않은'이란 뜻입니다. 결혼이란 서로에게 아무것도 가리지 않는 것, 아무런 가면을 쓰지 않고 있는 그대로의 모습을 받고 사랑하는 것입니다.

두 사람이 '아롬(עָרוֹם)'하였으나 부끄러워하지 않았습니다. '부끄럽다'라는 단어는 '부쉬(בּוֹשׁ)'인데, 이것은 '낙망하다, 경악하다'라는 의미도 있습니다. 서로의 있는 그대로의 모습을 봤지만, 서로에 대해 낙망하지 않았습니다. 진정한 사랑은 서로의 모습을 있는 그대로 보고도 낙망하지 않는 것입니다. 그리고 '벌거벗었다'의 또 다른 의미는, 에덴동산에는 어떠한 신분적 차별도 존재하지 않았다는 뜻입니다. 구약에서 옷은 그 사람의 신분이나 위치, 계층을 상징하기도 합니다. 그러므로 에덴동산에서 아담과 하와가 옷을 입지 않았다는 것은 서로 간에 신분과 계급에 있어 차이가 없었음을 의미합니다.

선악과 범죄

1. 죄란 무엇인가?: 인간의 하나님 되기 욕망

죄란 도덕적·윤리적인 것 이상의 것입니다. 죄의 뿌리는 왕이신 하나님을 인정하지 않고 인간이 왕과 하나님이 되고자 하는 데 있습니다. 사람의 마음의 보좌에 하나님을 왕으로 두기 싫어하는 것인데, 이것이야말로 죄의 뿌리입니다. 창세기 3장 전체는 선악과 범죄 이야기를 통해 죄의 뿌리가 무엇인가를 말하고 있습니다.

인간의 근본적인 죄인 '하나님 밀어내기'는 사사기에서도 반복됩니다. 사사기에서는 이스라엘의 영적 상태를 "이스라엘에 왕이 없으므로 사람들이 자기 소견에 옳은 대로 행한 것"이라고 4번이나 말하고 있습니다.

> 그 때에 이스라엘에 왕이 없으므로 사람이 각기 자기의 소견에 옳은 대로 행하였더라 (삿 21:25)

그런데 과연 사사 시대에 이스라엘에 왕이 없었을까요? 아닙니다. 하나님께서 왕으로 좌정해 계셨습니다. 하나님은 율법을 통해 자신의 백성을 다스리고 계신 왕이셨습니다. 그런데 사사기 시대의 이스라엘 백성들은 하나님을 왕으로 대접하기를 거부한 것입니다. 사사기의 영적 타락의 근본 원인은, 하나님을 밀어내고 자기를 왕으로 삼은 것입니다.

마찬가지로 바울도 로마서 1장 28절에서 죄의 뿌리가 무엇인지를 분명히 선언합니다.

> 또한 그들이 마음에 하나님 두기를 싫어하매 하나님께서 그들을 그 상실한 마음대로 내버려 두사 (롬 1:28)

바울은 로마서에서 죄의 뿌리를 "사람이 그 마음에 하나님 두기 싫어한다"고 표현합니다. 왕이신 하나님을 마음에 모시기를 거부하고, 인간이 하나님이 되고 싶은 것이라고 선언하는 것입니다. 그리고 로마서 1장 29절부터는 죄의 열매들이 21가지로 폭로됩니다.

창세기의 문맥으로 보면 창세기 3장은 '죄의 뿌리'를 말하고 있고, 창세기 4장부터 벌어지는 사건들은 죄의 결과들입니다. 로마서 개념으로 보면 창세기 3장은 로마서 1장 28절로 죄의 뿌리, 창세기 4장부터는 로마서 1장 29절 이하의 죄의 열매들을 나타낸다고 볼 수 있습니다.

내 삶의 주인은 누구인가?

아담과 하와에게 금하신 선악과 금령은 아담과 하와를 지키려는 하나님의 사랑이었고 배려였습니다. 세상의 주인이 누구이며, 인생의 주인이 누구인가를 드러내는 것입니다. 오직 하나님만이 세상의 주인이시고 왕이십니다.

죄란 하나님을 왕으로 모시기를 거부하고 내가 내 인생의 왕으로 사는 것입니다. 나는 지금 이 순간 하나님을 나의 왕으로 모시고 있습니까? 하나님을 왕으로 고백하고는 있지만, 아직도 나의 삶의 영역에서 내가 왕이 되어 살고 있지는 않은가요? 물질의 주인이 하나님이심을 인정하고 있습니까? 시간의 주인이 하나님이심에 항복합니까? 내 재능의 주인도 하나님이심을 고백하고 있습니까? 내 몸과 성적인 부분의 주인도 하나님이심을 인정합니까?

가정과 교회의 왕도 하나님이십니다. 이 진리에 모두가 항복한다면 가정에도, 교회에도, 나라에도 하나님 나라와 그분의 다스림이 임할 것입니다. 인간의 선악과 범죄 사건은 하나님과 맺은 최초의 언약을 깨뜨린 사건입니다.

그들은 아담처럼 언약을 어기고 거기에서 나를 반역하였느니라 (호 6:7)

2. 뱀의 유혹(창 3:1-5)

들짐승 중에 가장 간교한 뱀

그런데 뱀은 여호와 하나님이 지으신 들짐승 중에 가장 간교하니라 뱀이 여자에게 물어 이르되 하나님이 참으로 너희에게 동산 모든 나무의 열매를 먹지 말라 하시더냐 (창 3:1)

뱀은 '나하쉬(נָחָשׁ)'입니다. 나하쉬는 '점을 치다'라는 뜻도 있습니다. 그러므로 무당의 행위들은 다 사탄의 역사입니다. 뱀이 간교하다고 할 때 '간교하다'라는 '아룸(עָרוּם)'은 '지혜롭다'라는 중립 의미입니다. 뱀도 하나님께서 만드신 피조물입니다.

여기에 중요한 메시지가 있습니다. 하나님께서 뱀에게 주신 지혜를 사탄이 사용하자 뱀은 아담을 타락시켰습니다. 우리에게 주신 모든 것은 하나님의 선물이요 은사입니다. 그런데 이것들을 하나님께서 사용하시면 사람을 살리게 되지만, 사탄이 사용하면 사람을 망가뜨리게 되는 것입니다.

뱀의 유혹

사탄이 여자를 미혹하기 시작하였습니다. 사탄의 유혹의 첫 방법은 하나님의 말씀을 의심하게 만드는 것입니다. 사탄이 "동산 모든 나무의 열매를 먹지 말라 하시더냐?"고 물었을 때 여자는 곧바로 뱀을 책망하고 다스려야 했습니다. 뱀의 말을 분별하고, 그 속에 역사하는 사탄의 미혹을 파악했어야만 했습니다. 죄는 처음부터 잘라야 합니다. 조금이라도 틈을 보이면 죄는 그 사람을 장악하려고 합니다. 그래서 하나님은 아담과 하와에게 땅을 정복하고 다스리라고 명령하신 것입니다. 아담과 하와는 에덴을 어둠의 세력으로부터 지키고 보호해야 했던 것입니다.

여자의 대답

여자가 뱀에게 말하되 동산 나무의 열매를 우리가 먹을 수 있으나 (창 3:2-3)

여자의 대답을 살펴보면 하나님께서 처음에 하신 말씀에 자신의 생각을 덧붙인 것을 알 수 있습니다("만지지도 말라"). 또한 말씀을 왜곡하고 있습니다 ("죽을까 하노라"). 하나님의 말씀에 자신의 생각을 더하거나 빼면 안 됩니다. 뱀은 이 틈을 타서 여자를 본격적으로 미혹합니다.

내가 이 두루마리의 예언의 말씀을 듣는 모든 사람에게 증언하노니 만일 누구든지 이것들 외에 더하면 하나님이 이 두루마리에 기록된 재앙들을 그에게 더하실 것이요 만일 누구든지 이 두루마리의 예언의 말씀에서 제하여 버리면 하나님이 이 두루마리에 기록된 생명나무와 및 거룩한 성에 참여함을 제하여 버리시리라 (계 22:18-19)

뱀: 하나님 말씀을 부정

뱀이 여자에게 이르되 너희가 결코 죽지 아니하리라 너희가 그것을 먹는 날에는 너희 눈이 밝아져 하나님과 같이 되어 선악을 알 줄 하나님이 아심이니라 (창 3:4-5)

여자가 하나님의 말씀에 자신의 생각을 넣어서 빼고 더하는 틈을 보이자 뱀은 "너희가 결코 죽지 아니하리라"며 하나님의 말씀을 부정합니다. 사탄의 최종 목적은 사람으로 하여금 하나님의 말씀을 의심하게 하고 왜곡시켜 결국 부정하게 하는 것입니다.

신앙 공동체의 중요성

사탄은 여자가 혼자 있을 때 접근했습니다. 사탄의 유혹과 공격을 방어하고 함께 지켜 줄 다른 사람의 도움이 사람들에게는 절대적으로 필요합니다. 왜냐하면 사람은 강한 것 같지만 실제로는 무척 약한 존재이기 때문입니다. 더군다나 여자가 아담처럼 하나님의 말씀을 직접 받지 않았다는 점에서 사탄이 여자에게 먼저 접근했을 가능성도 있습니다.

하나님을 끝까지 신뢰하라

뱀이 여자에게 말한 거짓말 중에는 하나님의 선하심과 신실하심을 여자로 하여금 의심하게 만드는 것이 있었습니다. 그것은 하나님께서 아담과 하와가 하나님처럼 되는 길을 막으시려고 선악과를 먹지 못하게 했다는 것입니다. 이는 하나님의 선하심을 의심케 하며 하나님과 사람 사이를 이간질하려는 것이었습니다. 신자는 어떤 고난이 와도 하나님을 끝까지 신뢰해야 합니다.

3. 사탄의 최고의 무기: 인간의 교만을 부추기기

사탄은 여자에게 선악과를 먹으면 눈이 밝아져 하나님처럼 될 것이라고 부추깁니다. 그리고 이 유혹을 여자가 받아들이게 되는데, 그 결과 여자에게 하나님처럼 되고 싶은 욕망이 샘솟게 되었습니다. 인간의 가장 근본적인 욕망은 신의 자리에 앉는 것입니다. 선악과 범죄 사건은 '인간의 하나님 되기 추구'와 인간 죄악의 뿌리가 무엇인지를 드러냅니다.

유혹에 넘어간 마음
: 먹음직, 보암직, 지혜롭게 할 만큼 탐스러움

여자가 그 나무를 본즉 먹음직도 하고 보암직도 하고 지혜롭게 할 만큼 탐스럽기도 한 나무인지라 여자가 그 열매를 따먹고 자기와 함께 있는 남편에게도 주매 그도 먹은지라 (창 3:6)

사탄의 유혹에 마음을 빼앗기고 보니 여자의 눈에 평소에는 그렇게 보이지 않던 선악과가 먹음직하고, 보암직하고, 탐스럽게 보였습니다. 죄의 미혹은 이런 것입니다. 죄는 쾌락을 부풀리고 상상력을 자극합니다. 먹음직하고 보암직하며 지혜롭게 할 만큼 탐스러움은 사도 요한이 경고한 죄의 성격과 닮아 있습니다.

이 세상이나 세상에 있는 것들을 사랑하지 말라 누구든지 세상을 사랑하면 아버지의 사랑이 그 안에 있지 아니하니 이는 세상에 있는 모든 것이 육신의 정욕과 안목의 정욕과 이생의 자랑이니 다 아버지께로부터 온 것이 아니요 세상으로부

터 온 것이라 (요일 2:15-16)

4. 에덴과 여자를 지켜야 하는 아담의 책임

결국 여자는 뱀의 유혹에 넘어가 선악과를 따 먹고 남편 아담에게도 주었습니다. 아담은 에덴동산을 지켜야 하는 의무가 있었고, 그 의무 중에는 아내를 지켜야 하는 의무까지도 포함되어 있었습니다. 여자가 선악과를 아담에게 주었을 때 아담은 당연히 아내를 책망하고 아내가 하나님께 회개하도록 해야 했습니다. 그러나 아담도 선악과를 먹게 됩니다. 아담이 선악과를 먹은 것을 통해서 아담에게도 하나님처럼 되고 싶은 마음이 있었음을 알 수 있습니다. 단지 여자의 제안을 거절할 수 없었기 때문에 선악과를 먹은 것이 아니었습니다.

이처럼 첫째 아담은 하나님처럼 되고 싶은 욕망을 거부하지 못하고 결국 죄에 굴복했습니다. 그러나 둘째 아담이신 예수 그리스도는 자기를 부인하고 십자가에 죽으심으로 하나님의 뜻 아래 자신을 복종시키셨습니다. 첫째 아담의 실패를 둘째 아담이신 예수님께서 승리하여 회복시키시는 것입니다.

아담과 하와가 사탄의 유혹에 흔들리고 있는 것을 보면 이들이 완전 무결한 사람이 아니었음을 알 수 있습니다. 그렇기에 아담은 요한계시록 21~22장의 새 하늘, 새 땅에 들어간 완성된 하나님의 백성들과는 다른 것입니다. 흔히 요한계시록 21~22장의 새 하늘, 새 땅을 에덴의 회복이라고 합니다. 창세기 1~2장의 에덴동산이 요한계시록에서 완성될 새 하늘, 새 땅을 예표한다고 할 수는 있지만, 완성된 새 예루살렘 성은 단지 옛 에덴의 회복이 아니며, 근본적으로 완전히 다른 하늘과 땅인 것입니다.

그들의 눈이 밝아져 벗은 줄 알고

이에 그들의 눈이 밝아져 자기들이 벗은 줄을 알고 무화과나무 잎을 엮어 치마로 삼았더라 (창 3:7)

선악과를 먹고 나자 그들의 눈이 밝아졌습니다. 그러자 자기들이 벗은 줄을 알게 되었습니다. 사실, 죄가 들어오기 전에도 그들은 이미 벌거벗은 상태에 있었습니다. 그러나 그때의 남자와 여자는 자신과 서로의 존재를 부끄러워하지 않았습니다. 하나님 안에서 자신이 얼마나 소중하고 존귀한 자인지 알았습니다. '아롬^(벌거벗음)' 상태를 절대로 부끄러워하지 않았습니다.

그런데 죄가 마음 안에 들어오자 '아롬' 상태가 부끄러움, 수치로 다가오게 된 것입니다. 죄가 자신과 서로에 대한 정체성에 심각한 상처를 낸 것이었습니다. 인간이 하나님 없는 '지혜로움^(아롬)'을 구한 결과 '벌거벗음^(아롬)'의 상태가 된 것입니다.

무화과 나뭇잎 치마 vs 가죽옷

아담과 하와는 자신들의 부끄러움을 가리기 위해 임시방편으로 무화과 나무 잎으로 치마를 만들어 입습니다. 무화과 나뭇잎 치마는 사람이 죄로 인해 타락한 자신의 실존을 가리고자 하는 모든 인본주의 철학, 인본주의 종교, 인본주의 사상을 상징합니다.[32]

그런데 무화과 나뭇잎 치마로는 벗은 몸을 온전히 가릴 수가 없었습니

---

32 김의원, 『창세기 연구』(서울: CLC, 2013), p. 122.

다. 그래서 하나님께서는 죄로 타락한 인류의 죄악의 문제를 해결하기 위해 하나의 방법을 준비하시는데, 그것은 하나님께서 직접 준비하신 가죽옷입니다. 짐승의 희생을 통해 얻어진 가죽옷으로 하나님은 아담과 하와를 보호하십니다. 가죽옷은 무화과 나뭇잎과는 다른 하나님의 해결책이었습니다.

가죽옷은 어떤 한 동물의 희생을 전제합니다. 누군가의 희생을 통한 대속적 의를 가리킵니다. 가죽옷은 하나님께서 예수 그리스도의 죽음을 통해 직접 준비하신 하나님의 의, 하나님의 은혜를 예표하고 있습니다.

두 종류의 띠

무화과 나뭇잎 치마는 히브리어 '하고르(חגר)'인데, 이는 치마가 아니라 허리띠를 의미합니다. 인본주의 종교, 사상, 철학으로 허리띠를 두른 것입니다. 또 하나의 허리띠는 진리의 허리띠입니다. 하나님을 아는 자들은 인본주의 하고르가 아니라 진리의 하고르를 둘러야 합니다.

5. 죄인을 찾아오시는 하나님: 바람이 불 때

하나님은 아담과 하와를 바람이 불 때 찾아오셨습니다. 원문을 보면 바람은 '루아흐'이며, 루아흐는 하나님의 영을 의미하기도 합니다.

비록 죄를 지은 아담과 하와이지만, 하나님은 회개의 기회를 주시고자 이들을 찾아오십니다. 하나님은 죄인을 찾으시는 분이십니다. 하나님은 죽이고 심판하시기보다 살리고 회복시키시기를 더 기뻐하십니다.

여호와 하나님의 소리를 듣고

타락 전이었다면 아담과 하와는 여호와 하나님의 소리가 들릴 때 지체하지 않고 하나님께로 달려갔을 것입니다. 그러나 범죄한 아담과 하와에게 하나님의 소리는 더 이상 사랑의 소리가 아니라 두려움의 소리가 되었습니다.

하나님의 낯을 피하여 동산 나무 사이에 숨음

'하나님의 낯'은 하나님의 임재를 상징합니다. 죄가 들어오니 하나님이 두려워졌습니다. 그래서 그들은 동산 나무 사이에 숨었습니다. 죄는 이렇게 하나님과 사람 사이를 분리시킵니다.

그들이 그 날 바람이 불 때 동산에 거니시는 여호와 하나님의 소리를 듣고 아담과 그의 아내가 여호와 하나님의 낯을 피하여 동산 나무 사이에 숨은지라 여호와 하나님이 아담을 부르시며 그에게 이르시되 네가 어디 있느냐 이르되 내가 동산에서 하나님의 소리를 듣고 내가 벗었으므로 두려워하여 숨었나이다 (창 3:8-10)

하나님께서는 동산 나무에 숨었다는 것을 아시면서도 "아담아 네가 어디 있느냐"라고 물으십니다. 아담이 있는 장소를 하나님이 모르셔서 묻고 있는 것이 아닙니다. 하나님은 "네가 내 형상대로 지음 받아 나와 교제하고, 나의 뜻을 따라 만물을 다스려, 피조물들에게 내가 어떤 존재인지를 보여 주어야 하는, 나의 형상을 닮은 대리 통치자로 살아야 하는데, 네가 그 본분을 잃어버리고 지금 어디에서 무엇을 하고 있느냐?"라고 아담에게 묻고 계신 것입니다.

아담은 하나님 보시기에 좋은 '토브'의 자리에 있다가, 죄로 인해 '토브'의 자리를 벗어났습니다. 오케스트라를 지휘하는 사람을 '컨덕터(conductor)'라고 하는데, 아담과 하와는 모든 피조물을 지휘하여 하나님을 찬양하게 하는 지휘자였던 것입니다. 피조물들로 창조주이시고 왕이신 하나님을 찬양하게 하는 '컨덕터'의 사명을 아담과 하와는 잘 감당하여야 했습니다. 그런데 아담과 하와는 오히려 모든 피조물의 경배를 받는 자리에 서려고 했던 것입니다.

6. 하나님의 질문과 남자의 변명

> 아담이 이르되 하나님이 주셔서 나와 함께 있게 하신 여자 그가 그 나무 열매를 내게 주므로 내가 먹었나이다 (창 3:12)

하나님은 아담에게 선악과 열매를 먹었는지를 물으십니다. 하나님께서 이 사실을 모르셔서 물으신 것일까요? 아닙니다. 하나님은 아담에게 회개의 기회를 주고 싶으셨던 것입니다. 그런데 아담은 회개하지 않고 변명을 합니다. 하나님이 나와 함께 있게 하신 여자 때문이라고 핑계를 대며 자신의 범죄의 원인을 하나님과 아내에게 돌립니다. 하나님이 괜히 여자를 만드시고 내게 주셔서 이런 일이 일어난 거잖아요! 하고 따지는 것 같습니다. 한때 여자를 보고 "내 뼈 중의 뼈요, 살 중의 살"이라고 고백한 아담은 어디 있습니까? 이렇듯 죄는 하나님과 아담의 관계, 남자와 여자의 관계를 파괴시키고 있습니다.

하나님께서는 선악과를 먼저 따 먹은 여자가 아니라 아담에게 먼저 징계의 선언을 하십니다. 왜일까요? 그것은 에덴동산과 가정을 지킬 책임이 남자에게 있었음을 의미합니다.

여자의 변명

여호와 하나님이 여자에게 이르시되 네가 어찌하여 이렇게 하였느냐 여자가 이르되 뱀이 나를 꾀므로 내가 먹었나이다 (창 3:13)

하나님은 여자에게 "어찌하여 이렇게 하였느냐?"라고 물으십니다. 이 또한 회개의 기회입니다. 그런데 여자도 역시 변명으로 일관합니다. 하나님이 만드신 뱀이 자신을 꾀었기 때문이라고 하와는 말합니다. 여자도 자신의 범죄 원인에 대해 뱀을 만드신 하나님께로 돌리고 있습니다.

정직한 회개만이 살 길이다

사람은 누구나 죄를 짓습니다. 이는 사람이 연약하고 악한 존재이기 때문입니다. 그러나 하나님은 우리에게 항상 죄를 회개할 기회를 주시며, 회개하는 자에게는 용서의 은혜를 베푸십니다. 그러므로 하나님의 책망을 받을 때 회개하면 됩니다. 정직하게 회개하는 것만이 살 길입니다.

7. 뱀을 향한 저주

여호와 하나님이 뱀에게 이르시되 네가 이렇게 하였으니 네가 모든 가축과 들의
모든 짐승보다 더욱 저주를 받아 배로 다니고 살아 있는 동안 흙을 먹을지니라
내가 너로 여자와 원수가 되게 하고 네 후손도 여자의 후손과 원수가 되게 하리
니 여자의 후손은 네 머리를 상하게 할 것이요 너는 그의 발꿈치를 상하게 할 것
이니라 하시고 (창 3:14-15)

하나님은 아담과 여자를 미혹한 뱀을 저주하십니다. 그런데 뱀에게는 회
개의 기회를 주지 않고 바로 저주하십니다. 이는 뱀뿐만 아니라 뱀 안에 역
사한 사탄을 저주하시는 것이기 때문입니다.

그런데 뱀을 향한 저주의 내용이 이상합니다. 배로 다닌다는 것은 이해
가 되는데, 뱀이 종신토록 흙을 먹을 것이라는 선언이 특이합니다. 뱀은 흙
을 먹고 살지는 않기 때문입니다. 그러면 왜 하나님은 뱀에게 종신토록 "흙
을 먹을지니라"고 저주하셨을까요?

흙은 하나님의 영이 떠나 육이 된 인간을 의미하고, 뱀 곧 사탄은 흙적
존재, 육적 존재가 된 인간을 지배하는 것으로 보는 견해가 있습니다. 그러
나 이는 그런 뜻이 아닙니다. 구약성경 전체에서 '흙을 먹는다'는 것이 무엇
을 의미하는지를 다른 본문에서 찾아보아야 합니다.

광야에 사는 자는 그 앞에 굽히며 그의 원수들은 티끌을 핥을 것이며 (시 72:9)

왕들은 네 양부가 되며 왕비들은 네 유모가 될 것이며 그들이 얼굴을 땅에 대고
네게 절하고 네 발의 티끌을 핥을 것이니 네가 나를 여호와인 줄 알리라 나를 바

라는 자는 수치를 당하지 아니하리라 (사 49:23)

시편 72장 9절, 이사야 49장 23절에서 보면 누군가가 흙을 먹는 것은 패배의 상징입니다. 고대 근동 문화에서 두 나라가 전쟁을 하다가 한 나라가 패배하면 승리한 나라의 왕은 패배한 나라의 왕을 자기 앞에 엎드리게 하여 티끌을 핥게 했습니다. 티끌을 핥게 함으로써 패배자임을 공개적으로 인정하고 항복을 받아 냈던 것입니다.

시편이나 이사야서의 문맥에서 나오는 '흙, 티끌을 먹는다'는 것은 전쟁의 완전한 패배자란 의미가 있습니다. 다시 말하면, 장차 하나님의 아들이신 예수께서 승리하므로 뱀인 사탄은 완벽한 패배자가 될 것이라는 선언을 하고 있는 것입니다. 역시 성경은 성경으로 풀어야 합니다.

8. 여자의 후손 언약

내가 너로 여자와 원수가 되게 하고 네 후손도 여자의 후손과 원수가 되게 하리니 여자의 후손은 네 머리를 상하게 할 것이요 너는 그의 발꿈치를 상하게 할 것이니라 하시고 (창 3:15)

구약에서 가장 중요한 구절을 뽑는다면 단연코 창세기 3장 15절일 것입니다. 하나님 나라의 첫 번째 동역자요 상속자인 아담의 실패로 인해 최초의 하나님 나라(에덴동산)가 일시적이나마 무너지는 듯 보이지만, 하나님은 당신의 나라를 결코 포기하지 않으십니다. 하나님은 무너지지 않는 하나님 나라를 세우시기 위해서 '여자의 후손 언약'을 선포하십니다. 바로 둘째 아담이자, 실패하지 않은 완전한 상속자인 예수 그리스도를 예표하는 여자의 후손을 약속하십니다. 애굽과 가나안의 그 어떤 신일지라도 자신을 반역한 인간들을 위해 자신의 아들을 희생시키면서까지 구원하고 회복시키려고 하지 않습니다. 그런 신은 없습니다. 오직 하나님만이 그의 은혜와 긍휼로 죄인들을 구원하고 회복하기를 기뻐하십니다.

뱀의 후손은 당연히 사탄의 세력을 상징합니다. 여자의 후손은 예수 그리스도입니다. 여자의 후손에서 '후손'은 원문에 '제라(זֶרַע)'입니다. 제라는 '씨, 후손'이란 뜻으로 복수가 아니라 단수형입니다. 이는 하와가 낳게 될 셋, 노아, 아브라함과 이스라엘 자손들을 말하는 것이 아니라 하나의 후손, 즉 하나의 씨를 의미합니다.

바울도 여자의 후손이 한 분임을 증명합니다.

이 약속들은 아브라함과 그 자손에게 말씀하신 것인데 여럿을 가리켜 그 자손들이라 하지 아니하시고 오직 한 사람을 가리켜 네 자손이라 하셨으니 곧 그리스도라 (갈 3:16)

아브라함에게 하신 "네 씨로 말미암아 천하 만민이 복을 받으리니"라는 언약에서도 '씨'가 단수입니다.

내가 네게 큰 복을 주고 네 씨가 크게 번성하여 하늘의 별과 같고 바닷가의 모래와 같게 하리니 네 씨가 그 대적의 성문을 차지하리라 또 네 씨로 말미암아 천하 만민이 복을 받으리니 이는 네가 나의 말을 준행하였음이니라 하셨다 하니라 (창 22:17-18)

씨는 오직 한 사람을 말하는 것인데, 바로 예수 그리스도이십니다. 예수 그리스도 한 분을 통해 천하 만민이 복을 받을 것을 약속하신 것입니다.

'여자의 후손이 뱀의 머리를 상하게 한다'라는 것은 메시아의 십자가의 죽음과 부활로 사탄의 머리가 깨뜨려지는 것을 말합니다. 또한 "뱀의 후손이 여자 후손의 발꿈치를 상하게 할 것이라"는 것은 예수님의 십자가의 고난을 상징합니다.

9. 인류의 역사: 여자의 후손 계열과 뱀의 후손 계열의 전쟁

창세기 3장 15절 이후로 인류의 역사는 여자의 후손(예수 그리스도)과 뱀의 후손(사탄과 그 세력들)과의 영적 전쟁의 역사입니다.

창세기 4장에는 뱀의 후손 계보인 가인과 여자의 후손 계보인 아벨이 등장합니다. 그리고 4장과 5장에는 가인의 족보와 셋의 족보가 대조되어 나옵니다. 여자의 후손 언약(원시복음) 이후에는 하나님 나라와 세상 나라가 영적인 전쟁을 벌이며, 이것이 인류의 역사인 것입니다.

이 두 계열 간 싸움의 역사는 노아의 아들인 셈의 후손과 함의 후손 간의 싸움으로 이어지며, 신약시대에 와서는 예수님과 유대 종교 지도자들 간의 싸움, 요한계시록에 가면 그리스도의 신부들과 음녀 바벨론과의 싸움으로 이어집니다.

이 두 계열은 절대로 섞이면 안 되는 자들입니다. 그런데 창세기 6장에서 절대로 섞이면 안 되는 두 계열이 섞이기 시작합니다. 하나님의 아들들과 사람의 딸들이 섞이고, 가인의 후손들과 셋의 후손들이 섞이게 됩니다. 즉, 하나님 나라의 백성이 세상 백성의 가치와 사상을 받아들임으로 하나님의 백성인지 세상 백성인지 알 수가 없는 상태가 되었다는 것을 말합니다.

이미 승리한 싸움이다

우리는 여자의 후손 언약을 통해 인간의 역사는 여자의 후손 계열과 뱀의 후손 계열의 싸움이라는 사실을 알게 되었습니다. 하나님 나라를 세우려는 하나님의 거룩한 백성과 하나님 나라를 무너뜨리고 세상 나라를 세우려는 뱀과 뱀의 백성들과의 싸움이 예수님이 재림하실 때까지 계속될 것입니다.

그러나 여자의 후손이신 예수 그리스도께서 이미 뱀의 머리를 깨뜨리셨고, 또 남은 싸움에서도 교회와 함께 최종적으로 이기실 것입니다. 이 세상에서 벌어지고 있는 수많은 사건들, 전쟁들 뒤에는 이런 두 계열의 영적 싸움이 펼쳐지고 있음을 알아야 합니다.

10. 여자에 대한 징계

또 여자에게 이르시되 내가 네게 임신하는 고통을 크게 더하리니 네가 수고하고 자식을 낳을 것이며 너는 남편을 원하고 남편은 너를 다스릴 것이니라 하시고 (창 3:16)

여자가 남편을 "원하다"에서 '원하다'는 '테슈카(תְּשׁוּקָה)'로 '열망하다, 갈망하다'의 의미입니다. 혹자는 이 부분을 후손 번식을 위한 여자의 애정 욕구로 보기도 합니다. 그런데 이것을 원문대로 번역하면 '너의 욕망은 너의 남편이다'로 '여자가 남자를 원하지만, 남자는 여자를 다스릴 것이다(마샬

[מָשַׁל])' 정도의 의미입니다.[33] '다스리다(마샬)'에는 '보호하다'의 뜻도 있습니다. 남자의 다스림은 결코 억압이 아니라 보호임을 드러냅니다.

이 의미는 "네가 남자를 다스리길 원하겠지만 반대로 남자가 너를 다스릴 것이다"라는 뜻으로, 여자가 남편의 권위 아래 순종하고 살 것을 말하고 있는 것으로 보입니다. 선악과 범죄 이후 인간은 서로가 서로를 지배하려는 욕망으로 가득 차게 됩니다(테슈카). 서로를 섬기고 사랑하고 희생했던 관계가 이제는 서로를 지배하려는 관계로 전락한 것입니다.

11. 남자에 대한 징계

> 아담에게 이르시되 네가 네 아내의 말을 듣고 내가 네게 먹지 말라 한 나무의 열매를 먹었은즉 땅은 너로 말미암아 저주를 받고 너는 네 평생에 수고하여야 그 소산을 먹으리라 땅이 네게 가시덤불과 엉겅퀴를 낼 것이라 네가 먹을 것은 밭의 채소인즉 (창 3:17-19)

아담에게 내린 하나님의 징계는 땅의 소산을 위해 평생을 수고하고 땀을 흘려야 하는 것입니다. 범죄하기 전의 노동은 하나님의 은혜요, 기쁨이었는데, 이제는 노동이 땀을 흘려야 하는 고된 수고가 되었습니다.

또 하나 중요한 것은 아담의 범죄로 인해 땅도 저주를 받아 가시덤불과 엉겅퀴를 내게 되었다는 것입니다. 죄악은 인간과 자연과의 관계도 파괴했습니다. 인간의 통제되지 않는 이기적 욕망 때문에 자연은 지금도 나날이

---

33 앨런 로스, 김창동 역, 『창조와 축복』(서울: 디모데, 2007), pp. 213-214.

훼손되어 가고 있습니다. 그러므로 자연도 구속을 기다리며 하나님의 아들들이 나타나기를 기다리고 있는 것입니다(롬 8장). 인간의 탐욕이 해결되지 않고서는 자연이 회복될 길도 요원합니다.

하나님은 아담에게 "너는 흙(아파르[עָפָר])에서 왔으니 흙으로 돌아갈 것이다"라고 하십니다. 아담은 하나님의 영을 가진 영적 존재에서 이제 흙적 존재가 되었습니다. 하나님의 영이 떠나갔기 때문입니다. 하나님처럼 높아지려고 했던 아담은 흙처럼 낮고 비천한 자리로 떨어졌습니다.

하나님의 자녀에게는 징계만 있을 뿐이다

필자는 뱀에 대해서는 '하나님의 저주'라고 하며, 아담과 하와에 대해서는 '하나님의 징계'라는 단어를 사용했습니다. 하나님은 당신의 백성을 저주하지 않으십니다. 다만 징계하실 뿐입니다. 이는 우리가 자녀를 교육하기 위해 징계의 매를 사용하지만 저주하지 않는 것과 마찬가지입니다.

모든 저주를 대신 지신 예수 그리스도

인간의 선악과 범죄로 인해 인간과 땅은 하나님의 심판과 징계를 받았습니다. 하나님의 심판과 징계에 해당되는 단어는 '저주, 수고, 땀, 가시, 나무, 고통, 죽음'입니다. 우리의 구원자 예수 그리스도는 모든 '저주'를 대신 지시고, '땀' 방울이 핏방울이 되도록 기도하셨고, '가시' 면류관을 쓰시고, 나무에 매달리셔서 대속의 '죽음'을 감당하셨습니다. 예수님은 창세기 3장의 심판의 단어들을 친히 몸소 체험하셨습니다.[34]

죄로 인한 4가지 관계의 파괴

아담의 선악과 범죄로 인해 인간은 네 가지 관계의 파괴를 당하게 되었습니다. 첫째로, 하나님과 인간의 관계가 단절되었습니다. 하나님을 의지해야 할 인간이 '하나님 되기'를 추구했기 때문입니다. 둘째로, 죄는 자신과의 관계를 파괴했습니다. 범죄한 인간은 벌거벗은 자신을 부끄럽게 여겼습니다. 인간이 하나님의 형상으로 지어진 존귀한 존재임을 잊고 자신을 부족한 존재로 보기 시작한 것입니다. 셋째로, 죄는 인간 간의 관계를 파괴했습니다. 아담과 하와는 범죄의 책임을 서로에게 돌렸습니다. 넷째로, 죄는 인간과 자연과의 관계를 파괴했습니다. 아담의 범죄로 인해 땅은 저주를 받아 가시와 엉겅퀴를 내게 되었습니다. 이런 네 가지 관계의 파괴는 오직 예수 그리스도 안에서만 완전히 회복될 수 있습니다.

12. 하와: 모든 산 자의 어미

아내의 이름을 하와로

아담은 여자의 이름을 하와라고 지었습니다. 하와는 '살아 있는 자의 어미'입니다. 죄악으로 타락한 인류를 살리실 것을 '하와'라는 이름 안에 담아 놓고 있는 것입니다.

---

34 앨런 로스, 김창동 역, 『창조와 축복』(서울: 디모데, 2007), p. 205.

가죽옷의 은혜: 가죽옷을 지어 입히심

여호와 하나님이 아담과 그의 아내를 위하여 가죽옷을 지어 입히시니라 (창 3:21)

하나님께서는 아담과 하와를 에덴동산에서 쫓아내실 때에 가죽옷을 입히셨습니다. 이것으로 하나님은 자신이 은혜와 긍휼의 하나님이심을 드러내십니다.

비록 인간이 범죄하였지만 그를 향한 하나님의 사랑은 변함이 없습니다. 가죽옷에는 죄인을 향한 하나님의 마음이 담겨져 있습니다.

이들에게 가죽옷을 입히려면 반드시 어떤 짐승이 희생되어야만 합니다. 그런데 아담과 하와를 위해 희생된 이 짐승은 무엇이었을까요? 아마도 양이었을 것입니다. 우리는 구약의 예언이 성취된 신약시대를 살고 있기 때문에 희생된 이 짐승이 어린양인 줄 알고 있습니다. 그러나 희생된 짐승이 무엇이었는가를 창세기의 문맥 안에서 발견해야 합니다. 창세기 3장과 4장의 문맥을 살펴봅시다.

가인의 동생 아벨은 양을 치고 있었습니다. 이때 양은 식용으로 키운 것이 아닙니다. 홍수 이전에는 양이 식용이 아니었습니다. 고기를 먹는 것은 홍수 후에 허락되었습니다. 고기를 먹던 시기도 아니었는데 그들은 왜 양을 길렀을까요? 아마도 제사용 제물로 필요했기 때문이었을 것입니다.

아담과 하와가 에덴동산에서 쫓겨났을 때 하나님께서 자신들에게 가죽옷을 지어 입히시기 위해 양 한 마리를 잡는 것을 보았을 것입니다. 그들은 자신들을 위하여 양 한 마리가 죽어 피를 흘리는 장면을 보았습니다. 그 후 이들은 아벨에게 많은 짐승 중에서도 특히 양을 치게 했을 것입니다. 거룩

하신 하나님을 만나기 위해서는 누군가의 희생이 필요하다는 것을 배웠기 때문입니다. 이때 희생된 양은 우리를 위해 희생의 피를 흘리신 예수 그리스도를 예표합니다.

또한 이를 통해서 우리는 하나님께서 가인의 예배를 받으실 수 없었던 이유를 얼마든지 짐작할 수 있습니다.

은혜로 덮어 주시는 하나님

아담과 하와에게 가죽옷을 입혀 주시는 하나님을 보면서 하나님의 긍휼을 알 수 있습니다. 죄를 짓고 쫓겨 가는 아담과 하와를 그냥 보내지 않으시고 가죽옷을 지어 입히시는 것은 그들이 짐승의 희생으로 인해 회복될 것을 암시합니다. 물론 이 짐승의 가죽옷은 우리를 위해 죽어 주신 어린양이신 예수 그리스도의 희생과 의의 옷을 의미합니다.

비록 범죄했지만 죄인인 우리를 버리지 않으시고 긍휼과 은혜를 베푸사 살리시려는 하나님의 눈물겨운 사랑을 느낄 수 있습니다. 우리는 날마다 하나님께서 덮어 주시는 가죽옷의 은혜 때문에 살아가는 자들임을 기억해야 합니다.

13. 에덴에서 추방: 생명나무의 길을 지킴

여호와 하나님이 이르시되 보라 이 사람이 선악을 아는 일에 우리 중 하나 같이 되었으니 그가 그의 손을 들어 생명나무 열매도 따 먹고 영생할까 하노라 하시고 여호와 하나님이 에덴동산에서 그를 내보내어 그의 근원이 된 땅을 갈게 하시니라 이같이 하나님이 그 사람을 쫓아내시고 에덴동산 동쪽에 그룹들과 두루

도는 불 칼을 두어 생명나무의 길을 지키게 하시니라 (창 3:22-24)

하나님은 사람이 선악을 아는 일에 하나님과 같이 되었고, 그들이 생명나무의 열매를 먹고 영생할 것을 염려하셔서 아담과 하와를 에덴동산에서 추방하십니다.

하나님은 왜 아담과 하와를 에덴동산에서 추방하셨을까요? 용서가 안되어서 그런 것일까요? 사실 그것은 하나님의 또 다른 은혜의 조치라고 할 수 있습니다.

만일 아담과 하와가 죄가 있는 상태에서 동산 중앙에 있는 생명나무의 열매를 먹게 되면 영원히 죄인이 되는 것입니다. 그렇게 되면 이것은 저주입니다. 죄인이 생명나무의 열매를 먹으려면 먼저 죄 문제가 해결되어야 하는데, 그러기 위해서는 예수님이 오셔야 합니다. 예수님이 오시기 전까지는 생명나무를 먹지 못하도록 막고 지켜야만 합니다. 왜냐하면 하나님은 죄인이 영원히 죄인이 되는 것을 원하시지 않기 때문입니다. 그래서 아담과 하와를 에덴에서 추방하셨습니다. 하나님께서는 에덴동산 동쪽에 그룹들과 두루 도는 불 칼을 두어 생명나무의 길을 지키셨습니다. 사람이 생명나무의 열매를 따 먹으려고 그 길을 가면 두루 도는 불 칼에 죽을 수밖에 없었습니다.

그런데 요한계시록 22장에서는 구원 얻은 성도들이 이 생명나무의 열매를 먹습니다. 왜냐하면 20장에서 용이 심판을 받으므로 죄의 문제가 영원히 해결되었고, 그래서 생명나무의 과실을 먹게 하시는 것입니다. 이 길은 예수님의 구속 사역으로 열리게 되었습니다.

또 그가 수정 같이 맑은 생명수의 강을 내게 보이니 하나님과 및 어린양의 보좌로부터 나와서 길 가운데로 흐르더라 강 좌우에 생명나무가 있어 열두 가지 열

매를 맺되 달마다 그 열매를 맺고 그 나무 잎사귀들은 만국을 치료하기 위하여 있더라 (계 22:1-2)

막으시는 것도 하나님의 사랑이다

아담과 하와가 생명나무에 오는 길을 막으신 것은 선악과 금령과 마찬가지로 아담과 하와를 지키시려는 하나님의 깊은 사랑 때문입니다. 죄가 있는 상태로 영생하는 것은 저주이기 때문입니다.

하나님께서 우리의 삶에 허락하지 않은 것들은 우리의 유익을 위해서입니다. 나를 향한 하나님의 깊은 사랑을 의심하지 말아야 합니다. 하나님은 우리에게 좋은 것을 주시기를 기뻐하십니다. 준비가 안 된 자에게 주어진 돈과 명예와 지위, 능력은 축복이 아닙니다. 축복이 아니라 도리어 그를 타락시키는 도구가 될 것입니다. 나는 오늘의 환경을 허락하신 하나님의 주권에 감사하고 있습니까?

범죄-징벌-은혜의 3 cycle[35]

구분	인간의 범죄	하나님의 징벌	하나님의 은총
가인과 아벨	가인이 아벨을 죽임	땅으로부터의 저주 떠돌이가 됨	보호 표시를 줌
홍수	죄악이 세상에 가득함	홍수로 심판 받음	노아 가족 구원 새 창조의 복
바벨탑	인간 중심의 문명 건설	언어 혼잡과 온 세상에 흩어짐	아브라함 소명과 새 구원 역사 시작

---

35 천사무엘, 『창세기: 성서주석 1』(서울: 대한기독서회, 2001), p. 92.

위의 도표에서 알 수 있는 것은 인간의 죄악은 반드시 심판을 받지만, 하나님은 심판 중에라도 인간을 향해 은혜와 긍휼을 베푸심으로 구원의 길을 마련해 놓으신다는 것이다.

여호와여 내가 주께 대한 소문을 듣고 놀랐나이다 여호와여 주는 주의 일을 이 수년 내에 부흥하게 하옵소서 이 수년 내에 나타내시옵소서 진노 중에라도 긍휼을 잊지 마옵소서 (합 3:2)

창세기 4장

죄의 확산

창세기 3장이 '죄가 무엇인가?'를 밝힌다면, 창세기 4장은 그로 인한 '죄의 열매가 무엇인가?'를 말합니다. 창세기 3~4장의 구조는 로마서 1장의 구조와 닮아 있습니다.

창세기와 로마서의 비교

죄의 뿌리	➡	죄의 결과
창세기 3장		창세기 4장
로마서 1:28		로마서 1:29-32

로마서 1장 28절은 죄의 뿌리가 무엇인가를 말하고 있습니다. 죄란 사람들의 마음에 하나님을 두기를 싫어하는 것입니다. 그다음으로 이어지는 로마서 1장 29~32절은 죄의 열매들이 무엇인지를 드러냅니다.

1. 후손을 주심

아담이 그의 아내 하와와 동침하매 하와가 임신하여 가인을 낳고 이르되 내가 여호와로 말미암아 득남하였다 하니라 그가 또 가인의 아우 아벨을 낳았는데 아벨은 양 치는 자였고 가인은 농사하는 자였더라 (창 4:1-2)

아담과 하와는 가인을 낳았는데 가인의 뜻은 '하나님으로 말미암아 얻었다' '드디어 얻었다'라는 뜻입니다. 하나님으로 말미암아 드디어 기다리던 그 아들을 얻었다는 것입니다. 아담과 하와는 아들을 낳고 왜 가인이라고 이름을 지었을까요? 문맥의 흐름을 보면 유추할 수 있습니다.

창세기 3장 15절에 하나님은 아담에게 여자의 후손을 약속하시고, 그 여자의 후손이 자신들을 유혹하여 타락시킨 뱀을 정복하실 것이라 말씀하셨습니다. 아담과 하와는 오매불망 그 후손을 기다렸을 것입니다. 그리고 첫 아들을 낳자 이 아들이 바로 그 후손일 것이라 기대했을 것입니다. 왜냐면 이 약속을 받은 후에 낳은 첫아들이 가인이기 때문입니다.

그러나 여자의 후손으로 오실 이는 바로 예수 그리스도이십니다. 아담과 하와는 구속 역사 성취 과정의 한계 안에서 살았기 때문에 수천 년 후에 오실 예수 그리스도를 알 리가 없었습니다.

아담과 하와는 자신들의 실패와 죄악을 회복할 여자의 후손을 가인으로 생각했을 것입니다. 그런데 가인을 키우면서 그 생각이 틀렸음을 깨닫게 되었을 것입니다. 그래서 두 번째 아들을 낳고 이름을 '아벨'이라고 지었습니다. '아벨'은 히브리어로 '헤벨(הֶבֶל)'인데, '공허하다, 허무하다'라는 뜻입니다. 헤벨은 전도서에 '헛되고 헛되다'라고 할 때 사용된 단어입니다.

전도자가 이르되 헛되고 헛되도다 모든 것이 헛되도다 (전 12:8)

어떤 부모가 자식의 이름을 "덧없다, 공허하다"라고 짓고 싶었을까요? 가인을 통해 여자의 후손에 대한 약속의 소망이 이루어질 것으로 생각했는데, 아니라는 것을 깨닫고 둘째 아들의 이름을 아벨, '참 덧없다'라고 지은 것으로 추정할 수 있습니다. 인생의 깊은 공허를 느낀 것이 아닐까요? 또한 아벨은 하나님의 백성들이 누구인지를 상징합니다. 하나님 백성들은 하나님의 없는 세상이(인생이) 얼마나 공허하고 헛된 것인지를 알고 하나님께 나아가는 자들이어야 하는 것입니다.

2. 가인의 예배와 아벨의 예배

세월이 지난 후에 가인은 땅의 소산으로 제물을 삼아 여호와께 드렸고 아벨은 자기도 양의 첫 새끼와 그 기름으로 드렸더니 여호와께서 아벨과 그의 제물은 받으셨으나 가인과 그의 제물은 받지 아니하신지라 가인이 몹시 분하여 안색이 변하니 (창 4:3-5)

가인과 그의 제물은 받지 않으심

가인과 아벨은 하나님께 제사를 드리게 되었습니다. 아벨은 양 치는 자였기 때문에 양의 첫 새끼와 그 기름으로 제물을 드렸고, 가인은 농사를 짓는 자였기에 땅의 소산으로 제물을 드렸습니다. 그런데 하나님께서 아벨과 그의 제물은 받으셨지만, 가인과 그의 제물은 받지 않으셨습니다. 왜 그러셨을까요? 이 질문에 대해 먼저 구속사적 의미로 적용해 보고, 그다음 개인의 신앙적 차원의 의미로 적용해 보고자 합니다.

구속사적 의미로 볼 때 히브리서에서는 가인과 아벨이 드린 제사의 차이점을 "믿음으로 아벨은 가인보다 더 나은 제사를 드림으로 열납되었다"라고 풀고 있습니다.

믿음으로 아벨은 가인보다 더 나은 제사를 하나님께 드림으로 의로운 자라 하시는 증거를 얻었으니 하나님이 그 예물에 대하여 증언하심이라 그가 죽었으나 그 믿음으로써 지금도 말하느니라 (히 11:4)

히브리서 기자는 아벨과 가인이 드린 제사의 차이점을 믿음의 차이로 설명합니다. 그러면 이때의 믿음은 어떤 믿음일까요? 죄인이 하나님 앞에 나아갈 때 오직 누군가의 희생의 은혜를 힘입어 나간다는 바로 그 믿음을 의미합니다. 즉, 어린양의 피로 인한 하나님의 용서와 긍휼에 대한 믿음인 것입니다.

어떤 학자들은 가인의 제사가 곡식의 제사였기 때문에 하나님께 열납되지 않았다고 말하기도 합니다. 그런데 레위기의 5대 제사 중 4가지 제사는 다 짐승의 피가 있지만, 소제는 피가 없는 제사입니다. 그러므로 땅의 곡식으로 드린 제사 자체가 문제가 된 것은 아니라고 볼 수 있습니다.

그러나 반드시 기억해야 할 것은 소제가 단독으로 드려지지 못하였으며, 반드시 피 제사와 함께 드려야 한다는 것입니다. 곡식의 고운 가루로 드리는 소제는 반드시 번제나 화목제와 같은 피의 제사와 함께 드려야만 했습니다. 짐승의 피의 희생이 있어야 소제의 감격이 있는 것입니다. 왜냐하면 소제의 성격은 감사 제사이기 때문입니다. 그러므로 구속사적 측면으로 보면 하나님은 피 없이 드려지는 가인의 제사와 제물은 받고 싶으셔도 받으실 수가 없었을 것입니다.

아담과 하와는 에덴동산 추방 시의 가죽옷 경험을 통해 가인과 아벨에게 하나님께 나아갈 때는 희생의 제사가 반드시 필요함을 가르쳤을 것입니다. 가죽옷의 의미를 아들들에게 들려주었을 것입니다. 그런데 가인은 하나님의 방식이 아닌 자기의 방식, 자기의 생각, 자기 의로 하나님께 나아간 것입니다. 죄인이 거룩하신 하나님께 나아가려면 짐승의 희생이 반드시 있어야 함을 배웠으면서도 하나님께서 제정하신 방식을 따르지 않았던 것입니다. 로마서의 개념으로 풀면 가인은 하나님의 은혜의 의가 아닌 인간의 의를 더 의지한 것입니다.

그는 자신이 1년 내내 지은 농사의 열매, 자기의 피와 땀, 자신의 열심과 노력의 소산을 가지고 하나님께 나아간 것입니다. 가인의 제사는 인간의

의, 행위의 의, 율법의 의, 자기 공로를 의지하여 드린 제사였습니다.

하나님은 자신의 의와 공로를 의지하는 죄인과 그의 제사를 받지 않으십니다. 아니 받으실 수가 없습니다. 자신의 의와 공로를 부정하고 오직 하나님의 은혜와 긍휼을 의지하여 나오는 자를 하나님은 기뻐하십니다. 가인은 이것에 실패한 것입니다.

아벨의 제사

반면, 아벨은 양의 첫 새끼와 그의 기름을 드리며 하나님께 나아갔습니다. 아벨은 양을 식용으로 키운 것이 아닙니다. 물론 양을 통해 우유, 가죽, 털을 얻기도 하였을 테지만, 더 중요한 것은 아벨이 양을 하나님께 드리는 제사용 제물로 키웠을 가능성도 있다는 것입니다. 아벨은 아담과 하와로부터 죄인이 하나님께 나아가는 길은 오직 누군가의 희생의 피로만 가능함을 배웠으며, 배운 대로 순종한 것입니다. 이때 양의 첫 새끼와 기름은 가장 소중한 것을 드렸다는 뜻입니다. 이는 구속사적으로도 중요한 예표입니다. 아벨의 제사는 결국 죄인이 반드시 하나님의 어린양이신 예수 그리스도의 대속의 피를 의지하여 하나님께 나올 수 있음을 드러내는 사건이었습니다.

어린양의 의 vs 인간의 의

아벨과 가인의 제사는 어린양이신 예수 그리스도의 의와 인간의 의를 대조합니다. 인간의 의를 의지하는 자를 하나님은 받지 않으십니다. 오직 그리스도의 의를 의지하는 자를 하나님은 받으십니다. 나는 누구의 의를 의지하고 있습니까?

아벨과 제물은 받으시고, 가인과 제물은 받지 않으심

하나님께서 두 사람의 제사를 수용하시든지, 수용하지 않으시든지, 창세기 저자가 사용하는 단어의 순서는 사람이 먼저 나오고 제물이 그다음에 나옵니다. 제물도 제물이지만, 그 제물보다 먼저 제사자를 받거나 받으시지 않았다는 점을 부각합니다. 혹자는 두 사람의 평소의 삶에서 제사의 수용 여부가 이미 결정이 되었다고 보기도 합니다. 그렇다면 가인의 평소의 삶이 하나님 앞에 열납되지 않았기 때문에 종교적으로 드리는 그 어떤 제물도 아무 의미가 없었다는 해석도 가능합니다(브루스 왈트키[Bruce Waltke], 빅터 해밀턴[Victor Hamilton], 캐네스 매튜스[Kenneth A. Mathews]). 그리고 가인이 하나님의 거절을 경험한 후에 보이는 태도를 보면 그의 신앙과 삶의 인격이 어떠했는지를 알 수 있습니다. 이런 해석을 취한다면, 예배 드리기 전의 예배자의 삶이 하나님 앞에서 매우 중요함을 알 수 있습니다(시 50편). 또한 아벨은 양의 첫 새끼를 드렸지만, 가인이 곡식의 첫 열매를 드렸다는 말은 없습니다. 이런 점에서 아벨과 가인의 평소 하나님을 향한 마음이 근본적으로 달랐음을 알 수 있습니다.[36]

가인 같이 하지 말라 그는 악한 자에게 속하여 그 아우를 죽였으니 어떤 이유로 죽였느냐 자기의 행위는 악하고 그의 아우의 행위는 의로움이라 (요일 3:12-13)

또한 하나님께서 가인의 제사는 받지 않으시고 아벨의 제사를 받으신 것을 통해, 모세는 장차 이스라엘이 가나안 땅에 들어가 어떤 제사를 드려

---

36 존 E. 하틀리, 김진선 역, 『UBC 창세기』(서울: 성서유니온, 2019), p. 133.

야 하나님께서 열납하시는 제사가 되는지를, 또한 어떤 제사는 하나님께서 받으실 수 없는지를 미리 가르치고자 했던 것입니다(이것을 원독자 관점이라고 합니다).

3. 가인의 분노와 살인

여호와께서 가인에게 이르시되 네가 분하여 함은 어찌 됨이며 안색이 변함은 어찌 됨이냐 네가 선을 행하면 어찌 낯을 들지 못하겠느냐 선을 행하지 아니하면 죄가 문에 엎드려 있느니라 죄가 너를 원하나 너는 죄를 다스릴지니라 (창 4:6-7)

하나님께서 자신의 제사를 열납하지 않으시자 가인은 분노했습니다. 이때 가인의 안색이 변했는데, 안색이 변했다는 것은 '안색이 붉어졌다'라는 뜻입니다. 하나님은 가인에게 "네가 선을 행하면 어찌 낯을 들지 못하겠느냐?"라고 하십니다. 이때 가인은 하나님 앞에 나아와서 "하나님, 제가 무엇이 잘못되었길래 저의 제사가 열납되지 않았습니까?"라고 겸손하게 물었어야 했습니다. 하나님께서 가인에게 원하셨던 것은 바로 상한 심령, 통회하는 마음이었습니다.

하나님께서 구하시는 제사는 상한 심령이라 하나님이여 상하고 통회하는 마음을 주께서 멸시하지 아니하시리이다 (시 51:17)

그런데 가인은 하나님께 분노했고, 아벨을 질투해 그를 죽일 마음을 품었습니다.

가인과 아벨 이야기의 구속사적 의미

가인이 아벨을 질투하여 죽인 사건은 단지 형제간의 살인사건이 아닙니다. 앞에서 언급했던 것처럼 구약은 예수 그리스도와 복음이 무엇인지를 숨겨 놓았습니다. 가인은 자기의 의와 공로를 의지하는 율법주의 종교를 상징합니다. 인간의 의를 부정하고 하나님의 의만을 의지하라며 회개를 촉구하셨던 예수 그리스도를, 그 시대의 가인들이었던 종교 지도자들, 바리새인들, 사두개인들은 마치 가인이 아벨을 죽인 것처럼 죽였던 것입니다.

죄를 다스리라

하나님은 가인에게 죄가 문에 엎드려 있고, 죄가 너를 원한다(테슈카 [תְּשׁוּקָה], 갈망)고 경고하십니다. 동생을 죽이고자 하는 살인의 죄가 가인을 장악하려고 합니다. 그러나 아직은 기회가 있습니다. 하나님은 가인에게 찾아오셔서 살인죄의 충동을 다스리라고 경고하신 것입니다. 죄가 가인을 장악하고 다스리기 전에 가인이 먼저 살인의 갈망(테슈카)을 다스려야 했습니다. 죄는 강력한 갈망으로 우리를 장악하려고 합니다. 죄는 반드시 초기에 다스려야 합니다.

죄란 무엇인가?

죄는 히브리어로 '핫타아(חֲטָאָה)'입니다. '핫타아'는 '하타(חָטָא)'라는 동사에서 나온 명사입니다. '하타'는 '빗나가다, 벗어나다'라는 의미입니다. 즉, 죄는 '하나님의 목적에서 빗나가는, 벗어나는 것'을 말합니다. 그러므로 죄는 도덕적·윤리적 측면 이상의 문제라고 할 수 있습니다. 하나님의 의도와 목적과 계획에서 벗어나는 삶이 죄인 것입니다. 나는 나를 향한 하나님의 목적과 의도에 맞는 삶을 살아가고 있습니까?

가인, 아벨을 쳐 죽임

가인이 그의 아우 아벨에게 말하고 그들이 들에 있을 때에 가인이 그의 아우 아벨을 쳐 죽이니라 (창 4:8)

"가인이 그의 아우 아벨에게 말하고"에서 '말하다'는 '아마르(אָמַר)'입니다. 이는 창세기 1장에서 하나님께서 천지를 창조하실 때에 "이르시되"라고 하신 것과 같은 단어입니다. 하나님은 '아마르'를 통해 생명을 창조하셨는데, 가인은 '아마르'를 통해 사람의 생명을 없애 버렸습니다. 가인은 들에서 아벨을 쳐 죽였습니다. 뱀의 후손 계열과 여자의 후손 계열의 싸움이 시작된 것입니다.

4. 죄인을 찾아오시는 하나님

여호와께서 가인에게 이르시되 네 아우 아벨이 어디 있느냐 그가 이르되 내가
알지 못하나이다 내가 내 아우를 지키는 자니이까 이르시되 네가 무엇을 하였느
냐 네 아우의 핏소리가 땅에서부터 내게 호소하느니라 (창 4:9-10)

창세기 3장에서 선악과를 따 먹고 범죄한 아담과 하와에게 찾아오셨던
하나님께서 아벨을 죽인 가인을 찾아오셨습니다. 하나님은 가인에게 "아벨
이 어디 있느냐?"라고 물으십니다. 가인에게 아벨에 대해서 물으심으로 하
나님은 가인에게 회개의 기회를 주셨습니다. 그때 가인은 하나님께 엎드려
서 회개했어야 했습니다. 그러나 가인은 오히려 하나님께 화를 냅니다.

회개도 하나님께서 은혜를 주실 때에만 할 수 있습니다. 가인은 지금 살
인의 충동에 사로잡혀 있기 때문에 "내가 내 아우를 지키는 자입니까?" 하
고 따지고 있습니다. "하나님이나 아벨을 지켜보시죠."라며 반항 담긴 말을
하는 것 같습니다. 원래 형제들에게는 서로를 돌아보고 서로를 지키는 사
명이 있습니다. 그런데 가인은 이렇게 따지고 있는 것입니다. 하나님께서
는 "네 아우의 핏소리가 땅에서 내게 호소하고 있다"라고 하십니다.

가인이 받은 징계(4:11~15)
: 네가 땅에서 저주를 받으리니 …
  너는 땅에서 피하며 유리하는 자가 되리라

가인은 살인죄에 대해서 하나님의 징계를 받습니다. 그는 죄의 대가로
땅에서 저주를 받아 유리하게 됩니다. 하나님께로부터 끊어져 방황하는 인

생을 살게 됩니다. 인생이 당하는 최고의 심판은 하나님에게서 끊어진 채로 끝없이 유리하는 것입니다. 생명이신 하나님께로부터 끊어지는 것 그 자체가 최고의 심판입니다.

5. 가인이 받은 표

여호와께서 그에게 이르시되 그렇지 아니하다 가인을 죽이는 자는 벌을 칠 배나 받으리라 하시고 가인에게 표를 주사 그를 만나는 모든 사람에게서 죽임을 면하게 하시니라 (창 4:15)

가인은 자신에 대한 하나님의 심판이 너무 중하다고 불평합니다. 그런데 과연 동생을 죽인 살인자를 유리하게 하는 것이 가인의 말처럼 중한 것입니까? 그는 한 걸음 더 나아가서 "나를 만나는 자마다 나를 죽이겠나이다" 라며 살인 당할 위험을 염려합니다. 참으로 아이러니합니다. 살인한 자가 살인 당할 것을 염려하고 있습니다.

많은 사람이 이 부분에서 의아해합니다. 도대체 가인이 만나는 사람들은 누구일까요? 아담에게는 아들이 가인과 아벨밖에 없었고, 아벨이 죽었다면 도대체 누가 가인을 죽인다는 걸까요? 학자들은 아담과 하와에게 실제로는 수많은 자식이 있었던 것으로 보고 있습니다. 만일 아담의 자손들이 많았다고 가정한다면, 성경은 왜 가인과 아벨, 셋만을 언급하고 있는가에 대한 의문이 생깁니다.

구약성경은 하나님 나라의 시작과 완성, 그리고 예수 그리스도의 구속의 필요성을 역사적 사건과 흐름 속에서 보여 주는 것이 목적입니다. 그렇기 때문에 성경이 아담의 모든 자손들을 언급할 필요가 없으며, 기록 목적에 따라 구속 사역의 배경에 관계된 사건과 인물들을 선별적으로 등장시키는 것입니다. 그렇다면 아담에게는 가인과 아벨 이외에도 많은 자손이 있었을 것이라고 추정할 수 있습니다. 그리고 그 아들 중 누군가가 가인을 죽일 수도 있는 것입니다. 여기에서 하나님은 가인이 비록 죄를 지었지만, 그 죄인의 생명마저도 함부로 해하지 못하도록 막으신 것입니다. 생명 존중이 바로 하나님의 마음입니다.

가인을 향한 하나님의 은혜

그런데 하나님께서 가인에게 주신 '표'는 무엇일까요? 그 표가 어떤 것이었는지는 잘 모르겠지만, 중요한 것은 살인자인 가인에게마저도 하나님께서 은혜를 베푸시고 지키고 계신다는 사실입니다. 우리 하나님은 은혜의 하나님입니다. 죽어 마땅한 죄인들을 살리고자 하시는 하나님의 긍휼을 우리는 기억하고 또 기억해야 합니다.

가인: 에덴 동쪽 놋 땅으로 감

가인이 여호와 앞을 떠나서 에덴 동쪽 놋 땅에 거주하더니 (창 4:16)

가인은 놋 땅에서 성을 쌓고 살았습니다. 놋(נוד)은 히브리어로 '방황, 유리, 떠돌아다님'이라는 뜻입니다. 범죄하여 하나님을 떠난 이 시대의 가인들은 모두 다 놋 땅에서 살 수밖에 없습니다. 그들은 하나님을 떠났기 때문에 그 어떤 것으로도 안식할 수 없습니다. 높은 지위, 많은 물질적 부요함에도 만족함이 없으며 늘 불안하고 두려워하는 삶을 삽니다. 유리하는 놋 땅에서 자신의 미래를 지켜야 하기 때문에 가인은 스스로 성을 지어 안전을 확보하려고 하는 것입니다. 하나님의 말씀대로 가인은 놋 땅에서 유리하고 방황하는 삶을 삽니다. 하나님을 떠난 인생들은 그가 어디에 있든지 영적 주소지가 놋 땅일 수밖에 없는 것입니다.

동쪽이 부각되는 이유

아벨을 죽이고 징계를 받아 쫓겨난 가인은 동쪽 놋 땅으로 갑니다. 아담과 하와도 동쪽으로 갔으며 바벨탑의 주역인 니므롯도 동쪽을 향해서 갔습니다. 이상하게도 하나님께 쫓겨난 사람들은 다 동쪽을 향해서 갑니다.

죄인들이 동쪽으로 향하는 것과 성막의 문이 동쪽으로 향해 있는 것에 상관관계가 있지 않을까 하는 생각을 해 봅니다. 또한 출애굽 후 이스라엘이 광야를 행진할 때 유다 지파가 앞장을 섰는데, 항상 동쪽을 향했습니다.

구원의 문을 상징하는 성막 문이 동쪽을 향해 위치하며, 예수님을 배출한 유다 지파가 항상 선두에 서서 동쪽을 향했다는 것이 아마도 죄인들이 있는 동쪽을 향해 간 것이 아닐까 하고 추정해 봅니다. 하나님은 죄인들을 찾아가시는 분이십니다. 말라기에서도 예수 그리스도를 상징하는 의로운 태양이 떠올라 병자들을 치유하는데, 이 의로운 태양도 동쪽에서 떠오릅니다(말 4장).

6. 에녹 성

아내와 동침하매 그가 임신하여 에녹을 낳은지라 가인이 성을 쌓고 그의 아들의 이름으로 성을 이름하여 에녹이라 하니라 (창 4:17)

쫓겨난 가인은 놋 땅에서 에녹을 낳고 성을 쌓습니다. 그리고 가인은 자신의 아들인 에녹의 이름을 따서 에녹성이라 부르는데, 이것에는 굉장한 의미가 있습니다.

창세기 4장에는 뱀의 후손인 가인의 족보가, 5장에는 여자의 후손인 셋의 족보가 기록되어 있습니다. 두 족보의 대조를 통해서 독자들로 하여금 하나님 나라를 대적하는 뱀의 후손 계보에 설 것인지 아니면 예수 그리스도를 배출한 거룩한 여자 후손의 계보에 설 것인지를 선택하게 합니다. 의도적인 구조입니다.

하나님을 떠나 살게 되는 뱀의 족보, 즉 가인의 족보는 항상 성을 쌓습니다. 스스로 힘으로 미래를 책임져야 하기 때문입니다. 가인이 자기 아들의 이름을 붙인 에녹 성을 쌓은 역사는 결국 바벨탑으로 그 절정을 이룹니다. 바벨탑에서 '탑'은 히브리 원문에서 보면 '이르'인데 이것은 성읍을 말합니다.

성 쌓는 인생 vs 제단 쌓는 인생

이 세상에는 두 종류의 인생이 있습니다. 하나는 성을 쌓는 인생이고, 또 하나는 제단을 쌓는 인생입니다. 세상 나라 백성을 상징하는 가인의 후손들은 성을 쌓지만, 하나님의 백성을 상징하는 셋의 후손들은 제단을 쌓습니다. 가인의 후손들이 성을 쌓는 이유는 하나님이 없이 사는 인생들의 불안함 때문입니다. 미래가 불안하기 때문에 자기의 안전과 미래를 지켜 주고 확보해 줄 성을 스스로 쌓는 것입니다. 그들은 하나님을 떠나 하나님과 단절되어 있기 때문에 자신의 힘으로 살아야 합니다. 가인의 후손들의 성 쌓기 집착은 창세기 5장의 에녹 성, 창세기 11장의 바벨탑, 그리고 요한계시록 18장에서 큰 성 바벨론으로 연결됩니다.

반면, 셋의 후손들이 제단을 쌓는 것은 자신이 아니라 하나님을 의지하는 인생을 사는 것을 의미합니다. 인생을 전폭적으로 하나님께 맡기고, 하나님께 예배 드리는 삶을 사는 것입니다. 이들은 성을 쌓지 않습니다. 하나님께 자신의 인생과 미래를 드렸고, 하나님께서 자신의 인생과 미래를 책임지실 것을 믿기 때문입니다.

세상의 모든 인생은 성을 쌓는 계열과 제단을 쌓는 계열로 나뉩니다. 성을 쌓아 내 힘으로 인생을 책임져야 하는 가인의 계열에 서 있을 것인지, 아니면 돌 제단을 쌓고 하나님께 예배를 드리면서 인생 전체를 하나님께 맡기는 셋의 계열에 설 것인지 우리는 선택해야 합니다.

에녹과 에녹

에녹은 가인의 아들로 그 이름은 "봉헌되었다, 헌신되었다"는 의미입니다. 그런데 거룩한 계열인 셋의 6대손도 에녹입니다. 이 두 사람의 이름은 같지만, 무엇에 헌신되고 바쳐졌는지는 전혀 다릅니다. 어떤 에녹(가인 계열)은 자신의 안전을 위해 성을 쌓는 일에 바쳐졌고, 또 다른 에녹(셋 계열)은 하나님과 동행하며 인생 전체를 하나님께 맡겼습니다. 어떤 에녹의 인생을 살 것인지는 내가 결정하는 것입니다. 나는 어떤 에녹입니까?

7. 가인의 족보(창 4:16~24)

에녹(봉헌) - 이랏(도망자) - 므후야엘(하나님이 치신 자) -
므드사엘(하나님 사람, 지옥 사람) - 라멕(강한 자)

창세기 4장은 가인의 후손 족보를 소개하고 있습니다. 아담으로 따지면

9대까지이고, 가인부터 따지면 8대까지입니다. 구약성경을 연구하는 데 있어서 성경 인물들이 지닌 이름의 뜻은 상당히 중요합니다. 나중에 상세히 설명하겠지만, 셋의 후손 중 므두셀라의 이름은 노아 홍수와 깊이 관련되어 있습니다.

가인은 에녹을 낳았고 에녹은 이랏을 낳았습니다. 이랏은 '도망자'라는 뜻이며, 이를 통해서 가인의 계열은 하나님의 낯을 피하여 도망가는 인생임을 알려 주고 있습니다.

므후야엘은 '지워버리다, 쓸어버리다, 치다'의 뜻인데, 세상 나라 백성을 상징하는 가인의 계열이 하나님의 치심을 받아 심판 받을 것을 의미합니다.

므드사엘은 상반된 두 가지의 뜻이 있습니다. 첫째는 일반적인 사람을 가리키는 히브리어 '무트(מות)'와 지옥을 가리키는 '스올(שׁאול)'의 합성어로 므드사엘은 '지옥의 아들'이란 뜻입니다. 또 하나는 므드사엘의 어원을 '무트'와 하나님의 이름 '엘'의 합성어로 보는 견해인데, 이렇게 보면 므드사엘은 '하나님의 사람'이라는 뜻이 됩니다.

라멕은 아담으로부터 따지면 7대손으로, 그 이름의 뜻은 '강한 자, 정복자'입니다. 아담의 범죄 이후 죄악이 가인 계열을 타고 내려오다가 7대손 라멕에 이르러서는 절정에 이릅니다. 창세기 저자는 가인의 후손 중 7대인 라멕과 셋의 후손 중 7대인 에녹에 대해서 길게 설명함으로써 7대를 강조합니다. 가인 계열의 라멕은 세상 백성들의 삶의 특징을 대변하고, 셋 계열의 에녹은 하나님 나라 백성들의 삶의 특징을 대변합니다. 저자의 의도성이 강하게 보입니다.

8. 라멕의 죄악

일부다처제: 아다, 씰라(라멕의 두 아내)

가인의 후손 라멕은 두 가지 죄악을 저지릅니다. 첫째로 그는 인류 최초로 일부다처제의 전례를 남겼습니다. 그는 아다와 씰라라는 두 아내를 두었는데, 본문을 잘 살펴보면 이 여자들은 인격체라기보다는 라멕의 소유물인 것처럼 보입니다. 가인의 두 아내인 아다(장식)와 씰라(그늘)는 하나님을 떠난 인생들의 삶의 특징을 상징합니다. 사람들은 돈, 명예, 지위, 권력, 학벌 등으로 자신을 장식하고자 하지만, 결코 그 마음에 행복과 평안이 없으며, 오히려 그늘이 있음을 말하는 것입니다.

아다

아다는 라멕의 첫 번째 아내로 '장식'이란 뜻이 있습니다. 그리고 아다가 낳은 아들은 야발과 유발입니다. 야발(개울, 시내)은 가축을 치는 자로서 목축업자의 조상이요, 유발(기쁜 소리, 환희)은 수금과 통소를 연주하는 예술계의 조상입니다.

씰라

씰라는 라멕의 두 번째 아내로 '어둠, 그늘, 그림자'라는 뜻이 있습니다. 그녀의 아들은 두발가인(대장장이)으로 구리와 쇠를 발달시킵니다. 두발가인의 누이는 나아마(예쁘다, 매력)입니다.

가인의 세 아들이 세상의 문화를 발전시켰습니다. 이것은 일반 은총에 속하며, 하나님을 모르는 자들이라도 하나님의 일반 은총은 누릴 수 있음을 보여 줍니다. 하나님은 의인과 악인 모두에게 은혜로운 분이십니다.

> 이같이 한즉 하늘에 계신 너희 아버지의 아들이 되리니 이는 하나님이 그 해를
> 악인과 선인에게 비추시며 비를 의로운 자와 불의한 자에게 내려주심이라 (마
> 5:45)

그러나 하나님을 아는 지식은 하나님의 백성들에게만 허락하는 특별한 은총입니다. 두발가인의 누이 이름이 '예쁘다, 매력'의 뜻을 가진 '나아마'라는 것은 상징적 의미를 부여합니다. 하나님을 떠난 가인의 후손들이 만든 문명은 화려하고 매력적으로 보인다는 것입니다.

상처로 인해 소년을 살인한 라멕

> 라멕이 아내들에게 이르되 아다와 씰라여 내 목소리를 들으라 라멕의 아내들이
> 여 내 말을 들으라 나의 상처로 말미암아 내가 사람을 죽였고 나의 상함으로 말
> 미암아 소년을 죽였도다 가인을 위하여는 벌이 칠 배일진대 라멕을 위하여는 벌
> 이 칠십칠 배이리로다 하였더라 (창 4:23-24)

인류 역사상 최초의 살인사건은 가인이 아벨을 죽인 것입니다. 이 살인죄가 시간이 흐르면서 7대손 라멕에 와서는 더 강력해지고 있습니다. 라멕은 자신에게 상처를 준 것으로 인해 어린 소년을 죽여 버렸다고 말합니다. 여기서 라멕이 말한 '창상'과 '상함'은 타박상과 같은 경미한 것을 의미하는 단어입니다. 라멕은 자신이 입은 작은 상처에도 자기 분노를 이기지 못하고 힘과 권력을 이용해서 소년을 무참히 살해한 것입니다. 가인의 분노가

라멕에게 그대로 재현되고 있습니다. 이는 죄인이 얼마나 자기중심적이고 이기적인지를 폭로합니다. 가인은 동생을 죽인 살인의 죄를 회개치 않았습니다. 이처럼 회개치 않은 죄악은 눈덩이처럼 불어나 그 세력이 점점 커지게 됩니다.

라멕은 복수심에 불타서 가인을 죽이는 자는 7배의 벌을 받지만 자신을 죽이는 자는 77배의 벌을 받을 것이라고 협박합니다.

라멕^(강함)은 하나님께서 주신 강한 힘을 다른 사람 위에 군림하고 자신의 정욕을 채우는 수단으로 사용하며, 자신에게 피해를 준 자를 절대 용서치 않고 오히려 살인하는 데 그 힘을 사용했습니다.

힘의 오용

가인의 후손 라멕은 자신의 힘과 권력을 자신만을 위해 사용했습니다. 하나님께서 나에게 주신 것들이 무엇이든지 간에 하나님의 백성은 청지기의 자세로 살아야 합니다. 나는 나에게 주신 것들을 어떻게 사용하고 있습니까?

9. 셋 족보: 아벨 대신 셋을 주심

아담이 다시 자기 아내와 동침하매 그가 아들을 낳아 그의 이름을 셋이라 하였으니 이는 하나님이 내게 가인이 죽인 아벨 대신에 다른 씨를 주셨다 함이며 (창 4:25)

아벨이 죽으므로 하나님께서 아담과 하와에게 아벨 대신에 다른 '씨'를 주셨는데 그 이름은 '셋'입니다. 셋은 '대신' '새 시작'을 뜻합니다. 그리고 셋은 에노스를 낳았습니다. 이 셋의 후손들이 번성하여 10대인 노아까지 이어집니다. 여기서 셋을 '씨'라고 묘사했는데, 이것은 창세기 3장 15절의 '여자의 씨'와 연결됩니다. 즉, 여자의 후손(씨)이 셋의 후손에서 나올 것을 의미하는 것입니다.

에노스, 하나님의 이름을 부름

셋도 아들을 낳고 그의 이름을 에노스라 하였으며 그 때에 사람들이 비로소 여호와의 이름을 불렀더라 (창 4:26)

셋의 후손인 에노스 때에 비로소 사람들이 하나님의 이름을 불렀습니다. 그러면 왜 에노스 때에 처음으로 여호와의 이름을 불렀을까요? 여기에는 깊은 의미가 있으며, 여기에는 '에노스'의 이름 뜻이 매우 중요합니다.

'에노스'라는 이름의 뜻은 '무력한 자, 연약한 자'입니다. 사람들은 언제 여호와의 이름을 부르며 하나님을 의지할까요? 자신의 무력함을 알고 자신이 얼마나 연약한지를 깨달았을 때 사람들은 여호와 하나님을 찾게 됩니다. 에노스 때에 여호와의 이름을 불렀다는 것은, 이때 사람들이 자신들의 연약함과 무력함을 깨닫고 하나님을 의지하고 신뢰했다는 것입니다.

에노스의 영성을 가져라

영육 간의 모든 일이, 심지어 호흡마저도 주님의 은혜가 없이는 안 된다고 고백하는 에노스의 영성을 가진 자들이 하나님의 이름을 부르고 의지할 수 있습니다. 고린도후서의 핵심 메시지도 '내가 약할 때 강함'입니다. 사람은 자신의 연약함을 인정할 때만 주님의 강함에 머무를 수 있습니다. '나는 연약하고 무력하고 그래서 주님을 의지합니다.' 우리는 에노스의 영성을 고백해야 합니다. 나는 에노스의 영성을 가지고 있습니까?

셋 족보

1. 하나님의 형상을 입은 사람

아담의 계보

이것은 아담의 계보를 적은 책이니라 하나님이 사람을 창조하실 때에 하나님의 모양대로 지으시되 (창 5:1)

창세기 5장은 셋 후손의 계보를 소개하고 있습니다. '계보'는 히브리어로 '톨레도트(תֹולְדֹות)'이며, 이 톨레도트의 용법은 매우 중요합니다. 히브리 사람들에게 10은 완전수인데, 모세는 10이라는 숫자를 강조합니다. 아담부터 노아까지 10대, 셈부터 아브라함까지가 10대이며, 10번의 톨레도트, 10개의 출애굽 재앙, 10계명 등이 나옵니다.

톨레도트의 용법: 옛 시대를 마무리하고 새 시대를 열다

톨레도트는 창세기에서 '족보, 내력, 사적'으로 번역된 단어입니다. 이 단어는 창세기에서 10번 나옵니다. 족보를 의미하는 톨레도트는 옛 시대를 마무리하고 새 시대를 여는 역할을 합니다. 창세기 5장에서 아담의 족보를 예를 들어 봅시다.

창세기 5장에 보면 셋 계열을 아담에서 노아까지 소개합니다. 이 톨레도트의 용법은 족보를 통해서 앞 시대를 마무리하고 새 시대를 열어 가는 용법입니다. 그런데 새 시대를 열어 가는 사람은 그 족보의 마지막에 있는 사람으로, 그 사람이 새 시대를 열어 가는 주인공이 되는 것입니다. 이것이 톨레도트의 전형적인 용법입니다. '아담의 톨레도트' 마지막에 노아가 나오는데, 하나님께서 홍수 심판 이후에 노아를 통해서 새 시대를 열어 가시 겠다는 것입니다.

마찬가지로, 창세기 11장에는 노아부터 아브라함까지의 족보가 나오는데 그 끝에 나오는 사람이 '아브라함'입니다. 이것은 하나님께서 아브라함을 통 해 옛 시대를 마무리하고 새 시대를 열어 가시겠다는 것을 의미합니다.

예수께서 열어 가시는 은혜의 새 시대

마태복음 1장에도 마찬가지입니다. 마태복음 1장 1절에 "예수 그리스도의 세계"라고 나오는데, '세계'의 헬라어는 '게네세오스(γενέσεως)'이며 게네세오스에 해당하는 히 브리어가 '톨레도트'입니다.

마태복음 1장의 족보는 1대 아브라함부터 42대인 예수 그리스도까지를 소개합니 다. 구약의 톨레도트 용법에 의하면, 마태복음 1장의 족보는 옛 시대인 율법의 시대가 끝나고 은혜의 새 시대가 시작됐음을 말합니다. 그리고 족보의 마지막 인물인 예수께 서 율법의 시대를 끝내고 은혜의 시대, 구원의 시대, 새 포도주의 시대를 여는 주인공 인 것입니다.

2. 사람 창조

이것은 아담의 계보를 적은 책이니라 하나님이 사람을 창조하실 때에 하나님의 모양대로 지으시되 (창 5:1)

남자와 여자를 창조, 하나님이 그들에게 복을 주심

남자와 여자를 창조하셨고 그들이 창조되던 날에 하나님이 그들에게 복을 주시고 그들의 이름을 사람이라 일컬으셨더라 (창 5:2)

창세기 저자는 창세기 1장의 사람 창조 기사를 여기에서 한 번 더 반복합니다. 사람이 특별한 목적과 사명을 가진 존재임을 그만큼 강조하려는 것입니다. 그런데 이 강조가 가인의 족보가 아닌 셋의 족보에서 사용되고 있습니다. 왜일까요? 창세기 저자는 하나님께서 인정하신 족보가 셋의 족보임을 강조하려는 것처럼 보입니다.

3. 아담에서 노아까지(10대)

1대 아담^(사람)

아담, 자기 형상과 같은 아들 셋을 낳고^(130세) **930세에 죽었더라**

아담은 130세에 자기 형상과 같은 아들인 셋을 낳았습니다. 셋은 하나님께서 아벨 대신 주신 아들입니다. 가인의 후손들이 살인과 거짓으로 온 세상을 어둡게 하는 동안, 아담은 하나님께서 구속사적 목적 가운데 '다른 씨'를 주셨음을 깨닫고 감사하면서 그 이름을 '셋'이라고 지었습니다. 이것을 통해서 여자의 후손의 계보가 끊이지 않게 하시려는 하나님의 열심을 알게 됩니다.

아담은 930세에 죽었습니다. 창세기 5장의 족보는 죽음의 족보입니다.

아무리 오래 살았어도 다 "죽었더라"라고 기록하고 있습니다. 이는 "선악과를 따 먹는 날에는 너희가 반드시 죽으리라"는 하나님의 말씀이 성취된 것입니다. 죄의 삯은 사망입니다. 그런데 신약에서 처음 등장하는 마태복음 1장의 족보는 생명의 족보입니다. 거기에는 "낳았다"라는 말이 반복되고 있습니다. 구약은 죄로 인한 사망의 족보이고, 신약은 예수로 인한 생명의 족보입니다. 이것이 구약과 신약 족보의 차이입니다.

2대 셋 ^(대신)

셋, 에노스를 낳고^(105세) 912세에 죽었더라

셋은 105살에 에노스를 낳고, 912세에 죽었습니다. 셋은 아담이 죽은 이후 112년 만에 죽었는데, 셋은 에녹이 승천한 것을 목격했을 것입니다. 그는 에녹의 승천 이후 55년 후에 죽었습니다. 셋이 죽고 난 후 14년 만에 10대손 노아가 출생하였습니다.

3대 에노스 ^(연약함)

에노스, 게난을 낳고^(90세) 905세에 죽었더라

에노스는 히브리어로 '아나쉬(אֱנוֹשׁ)'인데, '연약함, 깨지기 쉽다'라는 뜻입니다. 에노스는 90세에 게난을 낳았고, 905세에 죽었습니다. 성경은 에노스 때에 비로소 사람들이 여호와의 이름을 불렀다고 말합니다^(창 4:26).

4대 게난^(소유)

게난, 마할랄렐을 낳고^(70세) 910세에 죽었더라

게난은 히브리어 '카난(קֵינָן)'으로, '광대한 소유'라는 뜻을 지니고 있습니다. 에노스와 게난의 이름의 의미를 연결해 보면, 인간의 무력함을 고백하고 하나님만을 의지하는 자^(에노스)에게 하나님은 영육 간에 은혜와 광대한 소유로 축복하신다는 것입니다. 게난은 70세에 마할랄렐을 낳고, 910세에 죽었습니다.

5대 마할랄렐^(찬양)

마할랄렐, 야렛을 낳고^(65세) 895세에 죽었더라

마할랄렐은 '찬양하다'의 뜻입니다. 에노스, 게난, 마할랄렐의 의미를 연결해 봅시다. 자신의 무력함을 고백하며 하나님만을 의지하는 자들에게^(에노스) 하나님은 큰 축복을 하십니다^(게난). 그리고 하나님의 축복을 소유한 자들은 하나님의 도우심과 은혜를 찬양하게 됩니다^(마할랄렐). 마할랄렐은 65세에 야렛을 낳았고, 895세에 죽었습니다.

6대 야렛^(내려온 자)

야렛, 에녹을 낳고^(162세) 962세에 죽었더라

야렛은 '하강, 하늘에서 내려온 자, 높은 곳에서 내려온 자'라는 의미입니다. 야렛의 이름 속에는 에노스, 게난, 마할랄렐이 닦아 온 신앙의 터전 위에 찬송 받으실 하나님께서 인간들이 사는 땅으로 가까이 내려오시기를 바라는 간절한 소망이 담겨 있습니다. 이 소망대로 예수 그리스도는 말씀이 육신이 되어 이 땅에 내려오심으로 사람들과 함께 거하시게 되었던 것입니다 (요 1:14). 야렛은 162세에 에녹을 낳았고, 962세에 죽었습니다.

7대 에녹 (봉헌)

에녹은 육십오 세에 므두셀라를 낳았고 므두셀라를 낳은 후 삼백 년을 하나님과 동행하며 자녀들을 낳았으며 그는 삼백육십오 세를 살았더라 에녹이 하나님과 동행하더니 하나님이 그를 데려가시므로 세상에 있지 아니하였더라 (창 5:21-24)

에녹은 히브리어로 '하노크(חַנוֹך)'입니다. 하노크는 '봉헌하다'의 명사형으로, '봉헌된 자, 바쳐짐, 선생'의 의미가 있습니다. 에녹은 65세에 므두셀라를 낳고 300년을 더 산 후에 죽음을 맛보지 않고 하늘로 올라갔습니다.

지금까지의 아담의 족보는 모두 '죽었더라'로 마무리하고 있지만 죽음의 권세를 이긴 한 사람, 에녹을 소개합니다. 에녹은 주님의 재림 때에 죽음을 맛보지 않고 하늘로 들림 받을 자들이 있을 것을 예표합니다. 또 창세기 5장의 셋의 족보에서 나타난 죽음을 극복하기 위한 대안이 바로 '하나님과 동행하는 것'임을 암시합니다.

'데려가시므로'의 히브리어는 '라카흐(לקח)'로, '이 세상과는 다른 장소, 곧 하나님 나라로 산 채로 옮기는 것'을 의미하기도 합니다. 이 라카흐라는 단어는 엘리야가 회오리바람을 타고 승천하던 기사에서도 사용되고 있습니다.

이르되 네가 어려운 일을 구하는도다 그러나 나를 네게서 데려가시는 것을 네가 보면 그 일이 네게 이루어지려니와 그렇지 아니하면 이루어지지 아니하리라 하

고 (왕하 2:10)

에녹이 300년간 하나님과 동행했다는 것은 그가 65세부터 동행했다는 뜻입니다. 즉, 므두셀라를 낳기 전인 65세 이전에는 에녹이 하나님과 동행하지 않았다는 의미이기도 한 것입니다. 또한 에녹의 나이 65세에 그의 신앙과 삶에 있어서 근본적으로 변화가 있게 된 계기가 있었음을 의미합니다. 과연 그의 나이 65세에 무슨 일이 있었던 것일까요? 에녹은 65세에 아들 므두셀라를 낳았습니다. 그런데 므두셀라를 낳은 것과 신앙과 삶의 근본적 변화 사이에 무슨 관계가 있을까요? 이것을 풀어야 에녹이 300년간 하나님과의 동행할 수 있었던 비밀을 알 수 있습니다. 이를 위해서는 먼저 므두셀라라는 이름의 뜻을 알아야 합니다.

8대 므두셀라^(죽음 심판)

므두셀라, 라멕을 낳고^(187세)**, 969세에 죽었더라**

므두셀라에서 '므두'는 히브리어 '무트^(חית)'로, '죽음'이라는 뜻입니다. 그리고 셀라는 '창을 던지다, 심판을 보내다'의 뜻입니다. 즉, 므두셀라라는 이름은 '이 아들이 죽으면 심판이 오리라'라는 의미가 됩니다. 실제로 므두셀라가 죽는 그해에 홍수 심판이 시작되었습니다.

므두셀라를 낳기 전에는 에녹이 하나님과 동행했다는 기록이 없습니다. 그런 에녹이 므두셀라를 낳은 후 아들^(므두셀라)이 죽는 날에 이 땅에 하나님의 심판이 있음을 깨닫게 된 것입니다.

에녹은 이 땅의 삶이 전부가 아니며, 하나님께서 이 땅의 삶을 계산하실 때가 있음을 깨닫게 되었습니다. 그리고 므두셀라가 언제 죽을지 알 수 없었기에, 므두셀라가 죽을 때까지는 깨어 있는 삶을 살 수밖에 없었던 것입니다. 이것이 에녹이 하나님과 동행하게 된 시작과 이유입니다.

언제 하나님과의 동행이 시작되는가?

하나님과의 동행의 시작은, 이 땅의 삶이 전부가 아니고 반드시 심판이 있으며, 이 땅에서의 삶을 그리스도의 크고 흰 보좌 심판대(계 20장)에서 계산할 때가 있음을 깨닫는 때부터입니다. 이것을 아는 자들이 하나님과 동행할 수 있는 것입니다. 에녹은 므두셀라는 이름 속에 담긴 하나님의 비밀을 아는 순간부터 하나님과 동행하였습니다. 나는 하나님과 동행하고 있습니까? 이 땅의 삶을 다하고 나면 내가 살아 낸 삶을 주께서 계산하실 때가 있음을 알고 깨어 있는 삶을 살고 있습니까? 이 사실을 염두에 두는 것이 하나님과의 동행의 첫걸음입니다. 예수 믿는 신자들은 에녹처럼 이 땅에서 하나님과 동행하다가 천국으로 데려감을 입을 것입니다.

아담의 칠대 손 에녹이 이 사람들에 대하여도 예언하여 이르되 보라 주께서 그 수만의 거룩한 자와 함께 임하셨나니 (유 1:14)

동행의 의미

에녹이 "하나님과 동행했다"에서 동행은 히브리어로 '할라크(הלך)'입니다. 할라크는 '길을 걷다, 산책하다, 거닐다'의 뜻으로 재귀형입니다. 이는 에녹이 스스로 하나님과 함께 걸어 다녔다는 것을 의미합니다. 하나님과 동행하는 삶은 대단하고 거창한 것이 아닙니다. 그저 하나님과 손잡고 거닐면서 일상을 살아가는 것입니다. 이 땅의 삶이 전부가 아니고 하나님의 심판의 때가 있다는 사실을 깨닫고, 일상의 삶 속에서 하나님과 함께 교제하면서 살아가는 것입니다.

아모스에 '두 사람이 동행하려면 뜻이 맞아야 한다'라는 구절이 있습니다. 나는 하나님과 뜻이 맞는 자인가요? 하나님과 내 뜻이 다르지는 않은가요?

두 사람이 뜻이 같지 않은데 어찌 동행하겠으며 (암 3:3)

므두셀라: 969세에 담긴 하나님의 마음

므두셀라는 187세에 라멕을 낳았고, 969세까지 살다가 죽었습니다. 그리고 969세에 므두셀라가 죽었을 때 세상에 홍수 심판이 시작되었습니다.

성경의 인물 중에서 가장 오래 산 사람이 므두셀라입니다. 왜 이렇게 오래 살았을까요? 하나님께서는 홍수 심판을 하루라도 늦추려고 므두셀라를 가장 오래 살게 하신 것입니다. 므두셀라가 죽는 순간 하나님은 이 세상을 홍수로 쓸어버려야 했던 것입니다. 하나님은 끝까지 사람들이 회개하기를 기다리셨습니다. 죄인들이 회개하고 돌아오기를 끝까지 기다리시는 하나님의 마음이 담겨 있습니다.

심판이 아니라 구원이 목적이다

우리는 므두셀라의 나이, 969세에 담긴 하나님의 마음을 잘 알아야 합니다. 죄인에 대한 하나님의 마음은 심판이 아니라 긍휼과 회복입니다. 우리는 한 영혼에 대해 너무 쉽게 포기하지만, 하나님은 우리와 다르십니다. 969년을 기다리신 하나님의 긍휼의 마음이 각자에게 부어지도록 기도해야 합니다. 우리 안에는 이런 긍휼이 없기 때문입니다.

9대 라멕^(강한 자)

라멕, 노아를 낳고^(182세), 777세에 죽었더라

라멕^(강함)은 셋의 후손으로 경건한 사람입니다. 창세기 4장에서 나오는 가인의 후손 라멕과는 다른 사람입니다. 그는 아들의 이름을 '노아'로 지었는데, 노아는 '안식, 위로'라는 뜻입니다.

라멕은 땅에 온갖 죄악이 관영하는 것을 보면서 '내 아들을 통해서 이 땅에 하나님께서 위로와 안식을 주기 원한다'라는 소원을 담아 아들의 이름을 '노아'로 지었습니다. 그는 안식에 대한 소망을 하나님께 둔 사람입니다. 하나님께서 이 아들을 통해 수고롭게 일하는 인생들에게 위로와 안식을 주시기를 바랐던 것입니다.

그는 시대를 분별할 줄 아는 영적 분별력을 가진 자이며, 하나님만이 유일한 해결책을 가지고 계신다는 믿음도 소유한 자입니다. 우리는 노아를 더 잘 알고 노아를 위대한 사람으로 여기지만, 사실 노아의 아비 라멕은 숨겨진 경건한 사람입니다. 이런 영성을 가진 아버지가 있었기에, 노아가 하나님 안에서 쓰임 받을 수 있었던 것입니다. 라멕은 노아를 182세에 낳고, 777세를 살았습니다. 라멕은 홍수 심판 5년 전에 죽었습니다.

어떤 라멕으로 살 것인가?

창세기 4~5장의 족보에는 동명이인들이 나오는데, 두 번째로 같은 이름이 라멕입니다. 가인 계열의 라멕은 정욕적이고, 폭력적이고, 살인자로서 자기 스스로의 힘을 과

신하며 다른 사람의 인생을 파괴한 사람입니다. 그러나 셋의 후손인 라멕은 시대를 향한 하나님의 마음을 알고, 하나님의 마음에 동참하는 경건한 삶을 살았습니다. 나는 어떤 라멕으로 살고 있습니까? 또한 라멕은 '강한 자'라는 의미인데 과연 진정한 강함은 무엇일까요?

10대 노아(안식, 위로)

노아, 500세에 셈, 함, 야벳을 낳고, 600세에 홍수가 났으며,

950세에 죽었더라

노아는 500세에 셈, 함, 야벳을 낳았습니다. 그리고 600세에 홍수 심판을 경험했으며, 그 후 350년을 더 살고 950세에 죽었습니다. 노아는 조부 므두셀라가 369세일 때 태어났습니다. 그리고 노아가 600세 되는 해에 홍수가 났습니다. 그렇다면 노아와 므두셀라가 함께 산 날은 600년이나 됩니다. 므두셀라는 자신의 이름에 담긴 하나님의 심판을 손자 노아에게 날마다 각인시켰을 것이고, 이것이 노아의 신앙의 토대가 되었을 것입니다.

4. 창세기 1~11장의 키아즘 구조[37]

(홍수 전)
[A] 1:1-2:3 창조 역사 / 첫 시작 / 하나님의 복 주심, 하나님 나라 건설 명령
  [B] 2:4-3:24 아담의 범죄 / 벌거벗음-봄 / 가죽옷 덮음
    [C] 4:1-16 의로운 자손 아벨의 후손이 없음
      [D] 4:17-26 악한 자손 가인의 후손
        [E] 5:1-32 택함 받은 셋의 후손-아담에서 노아까지
          [F] 6:1-4 타락
            [G] 6:5-8 노아에 대한 짧은 도입

(홍수 후)
[A′] 6:9-9:19 홍수 역사 / 새 시작 / 하나님의 복 주심, 하나님 나라 건설 명령
  [B′] 9:20-29 노아의 범죄 / 벌거벗음-봄 / 셈, 야벳의 덮음
    [C′] 10:1-5 의로운 자손 야벳의 후손
      [D′] 10:6-20 악한 자손 함의 후손
        [E′] 10:21-32 택함 받은 셈의 후손-노아에서 데라까지 10대 후예
          [F′] 11:1-9 타락
            [G′] 11:27-32 아브라함에 대한 짧은 도입, 홍수 심판과 노아의 방주

1~11장까지 키아즘 구조를 보면 평행 구조입니다. 노아 홍수 전과 홍수 후의 내용이 정확하게 패널 구조를 보입니다. 성경은 아무렇게나 쓰인 책이 아니라 아주 치밀하고 잘 짜인 구조로 구성되었으며, 구조를 통해서도 메시지를 전하고 있습니다.

---

37 송제근, "창세기의 구조와 신학", 「그 말씀」(2003년 1월호).

창세기 6장

타락, 하나님의 심판과 방주 건설

1. 하나님의 백성들의 타락

사람이 땅 위에 번성하기 시작할 때에 그들에게서 딸들이 나니 하나님의 아들들이 사람의 딸들의 아름다움을 보고 자기들이 좋아하는 모든 여자를 아내로 삼는지라 여호와께서 이르시되 나의 영이 영원히 사람과 함께하지 아니하리니 이는 그들이 육신이 됨이라 그러나 그들의 날은 백이십 년이 되리라 하시니라 (창 6:1-3)

하나님의 백성과 가인의 백성이 섞이다

창세기 6~9장은 노아와 방주, 그리고 홍수 심판에 대한 내용들입니다. 사람들이 하나님의 심판을 받게 된 이유는 하나님의 아들들이 사람의 딸들과 섞였기 때문입니다. 어떤 학자들은 하나님의 아들들을 천사, 사람의 딸들을 인간으로 보고 천사와 사람 사이에서 나온 사람들을 '네피림'으로 보기도 합니다(월트키). 그런데 과연 그럴까요? 영적인 존재인 천사가 물리적 존재인 사람과 성적인 관계를 맺는다는 것은 난센스입니다. 어떤 사람들은 하나님의 아들들을 왕, 통치자로 보기도 합니다(카수토).

여러 가지 의견이 있지만, 하나님의 아들들은 하나님의 이름을 부르며 제단을 쌓는 셋 계열의 거룩한 하나님의 백성들을 의미하며, 사람의 딸들은 하나님을 떠나 자신의 안전과 미래를 스스로 책임지려 성을 쌓는 가인 계열의 세상 백성을 의미한다고 보는 것이 창세기 문맥의 흐름상 더 자연스럽습니다(칼뱅, 메러디스 클라인, 루터, 델리취[Franz Delitzsch]). 하나님의 백성이 세상의 백성과 구별되지 않고 세상의 가치와 사상을 다 받아들여 섞이게 되는 것을 가리키는 수사적 표현으로 봐야 합니다.

하나님의 아들들이 사람의 딸들의 아름다움을 보고
좋아하는 모든 여자를 아내로 삼다

그렇다면 왜 하나님의 백성들이 세상과 섞이게 되었을까요? 창세기 저자는 하나님의 아들들이 사람의 딸들의 아름다움을 보고 자기가 좋아하는 모든 여자를 아내로 삼았다고 지적합니다. 즉, 하나님의 백성들이 하나님의 말씀과 가치보다 세상의 화려함과 가치에 마음을 더 빼앗겨 버렸음을 의미하는 것입니다.

또한 좋아하는 모든 여자를 아내로 삼았다는 것은 일부다처제를 말하는데, 이는 여성들을 성적인 욕망의 수단과 대상으로 여긴다는 의미입니다. 일부다처제는 가인의 후손인 라멕 때 처음으로 시작되었습니다.

섞이면 심판이 온다

하나님은 창세기 1장부터 나눔의 역사를 시작하셨습니다. 하나님은 빛과 어둠이 섞이지 못하도록 구별하셨습니다. 그런데 절대 섞이지 않아야될 두 계열이 섞임으로 하나님 나라와 세상 나라의 구별이 무너졌습니다. 하나님의 백성인지, 세상의 백성인지 구별이 안 될 정도로 노아시대 하나님의 백성들은 세상 백성처럼 되어 가고 있었습니다. 섞이지 말아야 할 것이 섞이면 심판이 임합니다. 홍수 심판은 세상 백성의 악 때문만이 아니라 하나님의 백성들의 타락 때문에 이미 준비된 것입니다.

세상을 그리워하는 현대 교회

창세기 6장의 이야기는 노아 시대의 이야기만이 아니라 오늘 우리 교회의 이야기이 기도 합니다. 하나님의 백성들은 하나님의 가치를 지키고 그 가치대로 살아가는 자들 입니다. 세상 한가운데서 살지만 세상 가치에 타협하지 않고, 오히려 세상을 하나님의 가치로 정복해 가는 자들이 하나님의 백성이어야 합니다. 그런데 오늘날 교회는 세상 의 가치를 더 사랑하고, 세상의 사상을 교회 안에 들여와 교회를 세상과 다를 것이 없 는 곳으로 전락시키고 있습니다. 그러면 하나님의 심판이 준비됩니다. 현대 교회가 세 상 가치로 물들고 있는 현상들에는 어떤 것들이 있을까요?

2. 하나님의 탄식과 심판 예고

당시에 땅에는 네피림이 있었고 그 후에도 하나님의 아들들이 사람의 딸들에게 로 들어와 자식을 낳았으니 그들은 용사라 고대에 명성이 있는 사람들이었더라 여호와께서 사람의 죄악이 세상에 가득함과 그의 마음으로 생각하는 모든 계획 이 항상 악할 뿐임을 보시고 땅 위에 사람 지으셨음을 한탄하사 마음에 근심하 시고 이르시되 내가 창조한 사람을 내가 지면에서 쓸어버리되 사람으로부터 가 축과 기는 것과 공중의 새까지 그리하리니 이는 내가 그것들을 지었음을 한탄함 이니라 하시니라 (창 6:4-7)

본래 사람은 흙으로 만들어졌지만, 하나님의 영이 임하여 영적 존재, 온 전한 존재가 되었습니다. 사람이 짐승과 구별된 이유는 하나님의 영 때문 인 것입니다. 그런데 사람들의 죄악이 관영함으로 인해 하나님은 탄식하시고 하나님의 영이 사람에게서 떠나가시게 됨으로 사람은 흙적 존재, 육적 존재가 되었습니다. 육신의 정욕과 탐욕만 남은 존재가 된 것입니다.

하나님께서 탄식하시는 이유는 하나님께서 만드신 세상에 죄가 가득하고, 사람들의 모든 계획이 항상 악하기 때문이었습니다. 하나님께서 땅 위에 사람 지으셨음을 한탄하시고, 사람으로부터 가축과 기는 것과 공중의 새까지 쓸어버릴 것을 말씀하십니다. 하나님의 영이 사람들과 함께하지 않기로 하시고 세상을 심판하기로 작정하십니다. "하나님의 영이 사람과 함께하다"에서 '함께하다'는 히브리어 '야돈(יָדוֹן)'으로, '다투다'로 해석할 수 있습니다. 즉, 하나님의 영이 욕심으로 타락해 버린 인간들과 다투어야만 했다는 것을 의미합니다.

하나님의 영이 다시 임한 사건: 성령 강림(행 2장)

창세기 6장에서 사람들의 죄악으로 인해 하나님의 영은 공식적으로 사람을 떠나셨습니다. 그 후 하나님의 영은 일시적으로 몇몇의 하나님의 사람들에게 개인적으로 임재하셨습니다. 예를 들어, 노아, 아브라함, 이삭, 야곱, 요셉, 모세, 여호수아, 삼손, 사울, 다윗, 솔로몬과 같은 사람들에게 임재하신 것입니다. 그러나 하나님의 영이 다시 공개적으로 임하신 사건은 사도행전 2장의 성령 강림 사건이었습니다. 그것은 예수 그리스도의 십자가의 대속 사역으로 인한 죄 씻음이 있었기에 가능한 것이었습니다.

우리의 삶에도 하나님의 임재가 충만하려면 회개가 선행되어야 합니다. 성령님은 거룩한 영이십니다. 죄악이 청산되지 않은 심령에 성령님의 임재를 기대하기는 어려운 것입니다.

그들의 날은 120년

하나님은 홍수 심판까지 120년의 유예기간을 주십니다. 심판하시기로 작정하셨으면 바로 심판하시면 되었을 텐데, 왜 하나님은 '120년 후'라고 하실까요? 이는 하나님의 긍휼하심 때문입니다. 하나님의 본심은 우리를 죽이시는 것이 아니라 살리시는 것입니다. 죽이심이 아니라 살리심입니다.

여호와의 말씀이니라 너희를 향한 나의 생각을 내가 아나니 평안이요 재앙이 아니니라 너희에게 미래와 희망을 주는 것이니라 (렘 29:11)

이는 주께서 영원하도록 버리지 아니하실 것임이며 그가 비록 근심하게 하시나 그의 풍부한 인자하심에 따라 긍휼히 여기실 것임이라 주께서 인생으로 고생하게 하시며 근심하게 하심은 본심이 아니시로다 (애 3:31-33)

하나님은 죄인들 중 단 한 사람이라도 회개하고 돌아오기를 바라십니다.

악인은 그의 길을, 불의한 자는 그의 생각을 버리고 여호와께로 돌아오라 그리하면 그가 긍휼히 여기시리라 우리 하나님께로 돌아오라 그가 너그럽게 용서하시리라 (사 55:7)

땅에는 네피림, 용사, 고대에 명성 있는 사람들

땅에는 하나님의 아들과 사람의 딸들에게서 태어난 자들, 곧 네피림이 있었습니다. 네피림은 히브리어로 '착취하는 자, 폭력을 행하는 자'라는 의미입니다. 하나님의 백성과 세상의 백성이 섞인 결과는 착취와 억압, 폭력으로 가득 찬 사람들과 사회, 문화, 사상임을 네피림이 드러냅니다.

3. 노아는 하나님께 은혜를 입음

그러나 노아는 여호와께 은혜를 입었더라 (창 6:8)

성경 전체는 하나님의 은혜의 주도성을 말합니다. 아담과 하와가 범죄함으로 에덴동산에서 쫓겨날 때에도 가죽옷의 은혜가 있었고, 가인을 벌하실 때에도 가인의 표라는 하나님의 은혜가 그를 지켰습니다. 하나님은 진노와 심판 중에라도 은혜와 긍휼을 잊지 않으시는 분입니다.

여호와여 내가 주께 대한 소문을 듣고 놀랐나이다 여호와여 주는 주의 일을 이 수년 내에 부흥하게 하옵소서 이 수년 내에 나타내시옵소서 진노 중에라도 긍휼을 잊지 마옵소서 (합 3:2)

창세기 저자는 "노아는 여호와께 은혜를 입었더라"라고 말합니다. 이 문장의 히브리 원문을 보면 "노아는 하나님의 눈에 있는 은혜를 보았다"입니다. '입었더라'는 '발견하다, 찾아내다'의 뜻이며, 히브리어 문법에서 칼 완료형(Qal Perfect)으로 수동태가 아니고 능동태입니다. 다시 말해, '노아는 하나님의 눈에 담겨진 은혜를 발견했다'는 뜻입니다. 인간들의 죄악으로 인해 하나님께서 진노하고 계시지만, 그러나 노아는 영혼들을 향한 하나님의 마음, 한 영혼이라도 살리고자 하는 하나님의 긍휼을 발견한 것입니다.

하나님이 찾으시는 사람

어떤 사람의 눈에는 하나님의 진노만 보이지만, 진노 중에 한 영혼이라도 돌아왔으면 하고 기다리는 하나님의 눈물방울을 보는 사람도 있습니다. 오늘날처럼 죄악이 관영한 시대에 하나님의 눈에 있는 하나님의 눈물, 마음, 은혜를 볼 수 있는 자가 필요합니다. 하나님의 눈에는 영혼들을 살리고자 하시는 은혜가 담겨져 있기 때문입니다.

노아의 족보

: 의인, 당대에 완전한 자, 하나님과 동행하였음

이것이 노아의 족보니라 노아는 의인이요 당대에 완전한 자라 그는 하나님과 동행하였으며 (창 6:9)

저자는 노아에 대한 소개를 세 가지로 하고 있습니다. 노아는 "의인이요, 당대에 완전한 자요, 하나님과 동행한 자"입니다. 노아가 의인이요 당대에 완전한 자라는 것이 노아가 완전무결한 자였음을 의미하는 것은 아닙니다. 그것보다 더 중요한 표현은 뒤에 나오는 "그러나 노아는 여호와께 은혜를 입었더라"입니다.

그가 의인이고 당대에 완전한 자로 인정받을 수 있었던 것은 온전히 하나님의 은혜였음을 알 수 있습니다. 하나님의 은혜가 노아를 노아 되게 한 것이지, 노아가 처음부터 그런 자격과 실력이 있었다는 뜻이 아닌 것입니다. 노아에게는 원래부터 남들과 특별히 다른 자격이나 조건이 있었다고 생각하는 것은 은혜의 복음을 행위의 의로 잘못 푸는 것이 됩니다. 성경은 하나님의 은혜 하나만을 돋보이게 풀어나가야 합니다. 사람의 의로운 행위나 삶을 부정하는 것은 아니지만, 신자의 의로운 행위조차도 하나님의 은혜로만 가능하기 때문입니다.

남은 자 사상

하나님은 항상 각 시대에 깨어 있는 남은 자를 세우십니다. 그 시대의 남은 자는 바로 노아였습니다. 아무리 타락한 시대라 할지라도 하나님은 언제나 당신의 은혜만을 붙들고 사는 자들을 은혜로 남기십니다. 마치 엘리야 시대에 하나님께서 남겨 두신 7천 명과 같은 사람들입니다. 남은 자가 되기 위해서는 오직 하나님만 의지하는 믿음을 지켜야 합니다. 나는 어떠한가요?

방주를 지으라

세 아들을 낳았으니 셈과 함과 야벳이라 그 때에 온 땅이 하나님 앞에 부패하여 포악함이 땅에 가득한지라 하나님이 보신즉 땅이 부패하였으니 이는 땅에서 모든 혈육 있는 자의 행위가 부패함이었더라 하나님이 노아에게 이르시되 모든 혈육 있는 자의 포악함이 땅에 가득하므로 그 끝 날이 내 앞에 이르렀으니 내가 그들을 땅과 함께 멸하리라 너는 고페르 나무로 너를 위하여 방주를 만들되 그 안에 칸들을 막고 역청을 그 안팎에 칠하라 네가 만들 방주는 이러하니 그 길이는 삼백 규빗, 너비는 오십 규빗, 높이는 삼십 규빗이라 거기에 창을 내되 위에서부터 한 규빗에 내고 그 문은 옆으로 내고 상 중 하 삼층으로 할지니라 (창 6:10-16)

노아의 세 아들이 소개되는데 셈과 함과 야벳입니다. 하나님은 온 땅이 부패하고 포악하므로 땅과 함께 세상을 멸할 것을 계획하시고, 노아에게 방주를 만들도록 명령하셨습니다.

4. 방주의 구조

방주는 히브리어로 '테바(תֵּבָה)'입니다. 출애굽기 2장에서 갓 태어난 모세를 갈대상자에 담아 두었는데, 이 갈대상자도 히브리어로 '테바'입니다. 테바 안에 들어온 자는 구원을 얻습니다. 테바 안의 모세처럼, 테바 안의 노아의 여덟 식구처럼, 거룩한 '테바'이신 예수 안에 들어온 자는 사는 것입니다. 방주는 단순히 배가 아니라 예수 그리스도의 구속 사역을 말하는 것입니다.

역청을 그 안팎에

하나님은 노아에게 방주를 지으라고 하십니다. 방주의 기초 재료는 고페르 나무인데 고페르 나무가 어떤 나무인지는 정확하게 알 수 없습니다.

또한 하나님은 역청을 방주의 안팎에 바르라고 하십니다. 역청은 방수를 위한 것입니다. 그런데 역청이라는 히브리어 단어는 '코페르(כֹּפֶר)'이며 '속전'이라는 의미도 있습니다. 다시 말해서, 역청도 예수 그리스도의 구속 사역을 예표하는 것입니다. 예수님은 자신의 생명을 속전으로 주어서 죄의 노예가 된 우리를 해방시키셨습니다. 주님의 생명의 피가 우리의 '속전'이었습니다. 방주는 노아의 여덟 식구가 받아야 할 홍수 심판을 대신 받았는데, 이는 예수 그리스도께서 하나님의 진노와 심판을 우리 대신 받으셨음을 의미합니다.

방주의 규모

: 길이 300규빗, 너비 50규빗, 높이 30규빗

: 상 · 중 · 하(총 3층)

방주의 길이는 135미터, 폭이 22미터, 높이는 13미터로서 직육면체 형태입니다. 방주의 크기는 대략 현대의 축구 경기장 1.5배의 크기이며, 3층으로 되어 있습니다. 방주는 예수 그리스도와 구속 사역을 예표하며, 방주안에 들어왔다는 것은 예수 안에 들어온 것을 의미합니다. 그러므로 방주의 구조에는 구속 사역의 비밀들이 몇 가지 담겨 있습니다.

하나의 문

방주의 문은 하나입니다. 하나님은 노아에게 세상에 있는 짐승 중 정결한 짐승은 암수 일곱씩, 부정한 짐승은 암수 둘씩 방주 안으로 들여보내라고 하십니다. 일의 효율을 생각한다면 문이 여러 개 있는 것이 더 편했을 텐데, 하나님은 방주의 문을 하나만 만들라고 하십니다. 모세가 광야에서 만든 성막도 문이 하나입니다. 그 이유는 방주의 문이나 성막의 문이 곧 구원의 문이신 예수 그리스도를 예표하기 때문입니다.

내가 문이니 누구든지 나로 말미암아 들어가면 구원을 받고 또는 들어가며 나오며 꼴을 얻으리라 (요 10:9)

하나님은 방주의 문, 성막의 문을 하나로 지정하심으로써 구원을 받을 수 있는 유일한 문은 예수 그리스도 한 분이심을 강조하고 싶으신 것 같습니다.

종교 다원주의는 배교다

성경은 구원의 문과 길은 오직 하나, 예수 그리스도밖에 없음을 선포합니다. 그런데 종교 다원주의자들과 종교 통합을 주장하는 자들은 구원의 길이 하나라는 것을 부정합니다. 그들은 예수 이외에도 구원이 있으며, 모든 종교가 하나라고 가르치는데, 이는 이단 사상입니다. 수많은 신학교와 교회의 설교 강단에도 이런 메시지가 넘쳐납니다. 배도의 시대입니다. 유일한 구원의 문이신 예수 그리스도를 부정하는 자들에게는 하나님의 심판이 있을 것입니다. 나는 어떠한가요? 예수 그리스도만이 하나님께서 인정하시는 유일한 구원의 길과 문이심을 고백하고 있습니까?

이 예수는 너희 건축자들의 버린 돌로서 집 모퉁이의 머릿돌이 되었느니라 다른 이로써는 구원을 받을 수 없나니 천하 사람 중에 구원을 받을 만한 다른 이름을 우리에게 주신 일이 없음이라 하였더라 (행 4:11-12)

위로 난 하나의 창

방주에는 창이 오직 하나밖에 없습니다. 하나님은 노아에게 방주의 창을 위로 하나만 만들라고 하셨습니다. 그것도 가로와 세로가 한 규빗밖에 안 되는 작은 창입니다. 방주 안에서 노아의 여덟 식구와 모든 종류의 짐승들이 1년을 넘게 지내야 하는 상황을 고려해 보면 너무나 터무니없는 명령인 것 같습니다. 그 작은 창은 짐승들의 배설물 냄새를 환기하기에 어려워 보입니다. 그렇다면 이렇게 작은 창을 위로 하나만 만들게 하신 하나님의 의도는 무엇일까요?

만약 방주에 창이 옆으로 있었다면 노아의 여덟 식구는 무엇을 보았을까요? 사람들과 온갖 짐승의 시체들이 떠돌아다니는 것을 보았을 것입니다. 시체는 사망입니다. 하나님은 구원 받은 성도들이 죄악 세상을 바라보며 살지 말아야 함을 말씀하시는 것입니다. 구원 받은 성도들은 오직 위의 것, 즉 하나님 나라의 가치, 하늘의 가치를 추구하며 살아야 하는 자들입니다.

그러므로 너희가 그리스도와 함께 다시 살리심을 받았으면 위의 것을 찾으라 거기는 그리스도께서 하나님 우편에 앉아 계시느니라 위의 것을 생각하고 땅의 것을 생각하지 말라 (골 3:1-2)

내가 여러 번 너희에게 말하였거니와 이제도 눈물을 흘리며 말하노니 여러 사람들이 그리스도의 십자가의 원수로 행하느니라 그들의 마침은 멸망이요 그들의 신은 배요 그 영광은 그들의 부끄러움에 있고 땅의 일을 생각하는 자라 (빌 3:18-19)

땅인가 하늘인가?

나는 무엇을 추구하고 있습니까? 땅의 가치인가요 아니면 하늘의 가치인가요? 진지하게 나의 신앙을 되돌아봅시다. 아무리 많은 신앙적 행위가 있다 할지라도 내가 땅의 일을 추구하고 있다면 그리스도의 십자가의 원수입니다. 진지하게 나의 신앙과 삶을 되돌아봅시다.

방주는 자체 동력도, 방향키도 없다

방주는 자체 동력이 없어서 그저 바람이 부는 대로 이끌려 가게 되어 있었습니다. 방주에 자체 동력이 없다는 것은 구원 받은 성도가 자기 스스로 힘으로 사는 존재가 아님을 말합니다.

또한 방주에는 방향을 정하는 방향타가 없었습니다. 이를 통해서 우리는 구원 받은 성도 스스로가 인생의 방향을 정할 수 없으며, 하나님의 영이 이끄시는 대로 살아가야 함을 알게 됩니다. 성도들은 자기 스스로 뜻과 계획으로 살 것이 아니라 성령의 인도하심을 받아 살아야 합니다.

하나님의 인도하심을 받으라

방주의 구조를 통해서 무엇을 깨달으셨습니까? 방주에는 자체 동력과 방향키가 없다는 것을 이해했습니까? 나는 내 힘으로 살 수 없는 존재라는 것과 그래서 하나님의 인도하심이 절대로 필요한 존재임을 인정하십니까? 그렇다면 나는 하나님의 인도하심을 받기 위해 어떤 노력을 하고 있나요? 내가 하나님의 인도하심을 받는 방법은 무엇인가요?

5. 홍수 심판 예언

내가 홍수를 땅에 일으켜 무릇 생명의 기운이 있는 모든 육체를 천하에서 멸절하리니 땅에 있는 것들이 다 죽으리라 그러나 너와는 내가 내 언약을 세우리니

너는 네 아들들과 네 아내와 네 며느리들과 함께 그 방주로 들어가고 혈육 있는
모든 생물을 너는 각기 암수 한 쌍씩 방주로 이끌어 들여 너와 함께 생명을 보존
하게 하되 새가 그 종류대로, 가축이 그 종류대로, 땅에 기는 모든 것이 그 종류
대로 각기 둘씩 네게로 나아오리니 그 생명을 보존하게 하라 (창 6:17-20)

하나님께서는 홍수 심판을 예고하시면서 노아와 언약을 세우겠다고 하
십니다. 언약은 '베리트(ברית)'입니다. 성경을 보는 또 하나의 방법은 언약을
중심으로 보는 것입니다. 성경은 소위 '언약의 역사'입니다. 하나님은 최초
의 언약인 '여자의 후손 언약'에 이어 노아와 언약을 맺으십니다.

각기 암수 한 쌍씩, 그 종류대로 생명을 보존하라

하나님은 노아의 여덟 식구에게 방주 안으로 들어가라고 하십니다. 그리
고 혈육이 있는 모든 생물은 그 종류대로 각기 암수 한 쌍씩 방주로 이끌어
들여 그들의 생명을 보존하라고 하십니다. 이는 홍수 이후의 피조 세계가
다시 회복될 그루터기를 남기시려는 것입니다. 하나님은 심판의 과정에서
도 회복의 씨앗을 남기시는 분입니다.

먹을 양식을 준비하라

하나님은 노아에게 먹을 양식을 준비해서 방주 안에 저장하라고 하십니
다. 1년 동안의 홍수 심판 기간을 견뎌야 하기 때문입니다. 교회는 환란을
이길 양식이 준비되어 있어야 하며, 목회자는 이 생명의 양식을 미리 저장
해야 하는 자입니다.

노아: 하나님의 명령대로 다 준행함 (1)

노아가 그와 같이 하여 하나님이 자기에게 명하신 대로 다 준행하였더라 (창 6:22)

노아는 하나님께서 명령하신 대로 다 준행합니다. 120년 동안 노아는 하나님의 명령에 순종하여 그대로 다 준행한 것입니다. 이것이 신자의 삶입니다. 하지만 노아가 하나님의 명령을 그대로 순종하기는 정말 쉽지 않았을 것입니다.

홍수라는 개념도 없는 시대에 살던 노아가 홍수에 대비해서 배를 만든다는 것은 그 시대 사람들의 조롱과 비웃음을 받을 수밖에 없는 일이었습니다. 그러나 노아는 묵묵히 그것도 수십 년 동안 하나님의 명령을 준행합니다. 노아의 성실함과 우직함, 순종을 배워야 합니다.

우직한 순종

수십 년간 비 한 방울 내리지 않는데도, 하나님의 명령을 좇아 방주를 만들었던 노아를 향해 주변의 수많은 사람이 조롱했을 것입니다. 그러나 노아를 더 힘들게 했던 것은 주변의 비웃음보다는 노아 안에서 일어나는 갈등이었을 수도 있습니다. 하나님의 말씀과 현실 사이에서 노아는 수많은 갈등과 고민, 의심의 과정을 겪었을 것입니다. 그러나 그는 끝내 믿음으로 승리했습니다.

믿음으로 노아는 아직 보이지 않는 일에 경고하심을 받아 경외함으로 방주를 준비하여 그 집을 구원하였으니 이로 말미암아 세상을 정죄하고 믿음을 따르는 의의 상속자가 되었느니라 (히 11:7)

노아의 우직한 순종을 보면서 나의 순종은 어떤 수준의 순종인지 점검해 봅시다. 순종은 이해가 되어서 하는 것이 아닙니다. 눈에 보이는 결과가 없더라도 말씀대로 행하는 것이 순종입니다. 노아는 120년간 아무런 결과가 눈에 보이지 않았지만, 하나님의 말씀과 약속을 믿고 묵묵히 순종했습니다. 이런 순종함이 나에게 있습니까?

창세기 7장

홍수 심판

1. 노아의 의로움

하나님 얼굴 앞에서의 의^(체데크)

여호와께서 노아에게 이르시되 너와 네 온 집은 방주로 들어가라 이 세대에서
네가 내 앞에 의로움을 내가 보았음이니라 (창 7:1)

하나님은 노아의 의로움을 칭찬하십니다. 노아는 하나님 앞에서 의로운
삶을 살았습니다.

'하나님 앞'은 원문에 '하나님의 얼굴^(파님[פנים])'입니다. 또한 의로움은 '체
데크^(צדק)'의 형용사형으로 '도덕적, 윤리적 의' 이상의 개념입니다. 체데크
^(의)는 하나님과 이웃과의 바른 관계를 포함하는 단어입니다. 하나님과의
올바른 관계가 삶으로 연결되어, 이웃과 바른 관계, 즉 공의를 행하며, 윤리
적인 삶으로 빛과 소금의 삶을 살며, 사랑과 겸손의 열매를 맺는 삶 전체를
의미하는 말이 '체데크^(의)'인 것입니다.

이 '의^(체데크)'는 하나님이 아브라함을 통해 만드실 이스라엘 민족에게
요구하신 삶이기도 합니다.

아브라함은 강대한 나라가 되고 천하 만민은 그로 말미암아 복을 받게 될 것이
아니냐 내가 그로 그 자식과 권속에게 명하여 여호와의 도를 지켜 의와 공도를
행하게 하려고 그를 택하였나니 이는 나 여호와가 아브라함에게 대하여 말한 일
을 이루려 함이니라 (창 18:18-19)

2. 정결하거나 부정한 짐승의 숫자 차이

너는 모든 정결한 짐승은 암수 일곱씩, 부정한 것은 암수 둘씩을 네게로 데려오며 공중의 새도 암수 일곱씩을 데려와 그 씨를 온 지면에 유전하게 하라 (창 7:2-3)

하나님은 정결한 짐승을 암수 일곱씩, 부정한 것은 암수 둘씩을 방주로 이끌어 들여 그 씨를 보존하라고 하십니다. 정결한 짐승이 더 많아야 했던 것은 제사를 드리기 위해서였을 것입니다.

3. 7일 후 홍수 예고

지금부터 칠 일이면 내가 사십 주야를 땅에 비를 내려 내가 지은 모든 생물을 지면에서 쓸어버리리라 (창 7:4)

하나님은 지금부터 7일 후면 40 주야의 홍수 심판으로 이 땅이 멸절될 것이라고 말씀하십니다. 그런데 하나님은 왜 홍수 심판을 바로 하지 않으시고 7일 후에 하신다고 하실까요? 이미 심판을 작정하셨고, 120년이라는 세월 동안 회개할 기회를 충분히 주셨는데도 굳이 7일을 기다리신 이유가 무엇일까요? 히브리 문화에서 7은 완전수로, 7일은 하나님의 긍휼과 오래 참으심의 풍성함의 완전하심을 드러냅니다.

혹 네가 하나님의 인자하심이 너를 인도하여 회개하게 하심을 알지 못하여 그의 인자하심과 용납하심과 길이 참으심이 풍성함을 멸시하느냐 다만 네 고집과 회개하지 아니한 마음을 따라 진노의 날 곧 하나님의 의로우신 심판이 나타나는 그 날에 임할 진노를 네게 쌓는도다 (롬 2:4-5)

하나님의 목적은 심판과 멸망이 아니라 회복과 살리심입니다. 그러나 인간들의 고집과 회개치 않음이 하나님의 진노와 심판을 재촉하는 것입니다.

7일에 담긴 하나님의 마음을 배우라

120년의 기회를 주신 하나님은 다시 7일을 기다리십니다. 7일을 더 기다린다고 죄인들이 하나님께로 돌아올 것이라고 하나님이 생각하셨을까요? 하나님도 죄인들이 회개하지 않을 것임을 아셨습니다. 그럼에도 불구하고 7일의 기회를 더 주십니다. 성도는 이런 하나님의 마음을 배워야 합니다. 하나님은 영혼들을 결코 쉽게 포기하지 않으십니다. 우리에게도 살려야 하는 영혼들이 있습니다. 그들이 지금은 복음을 거부한다 해도 그들을 끝까지 포기하지 말아야 합니다. 내가 포기하지 않아야 할 사람은 누구입니까? 나는 그들의 영혼 구원을 위해 어떤 노력을 하고 있습니까?

므두셀라를 가장 오래 살게 하신 이유도 영혼들을 향한 하나님의 긍휼 때문이었습니다. 한 사람이라도 하나님께로 더 돌아오게 하는 것이 아버지의 뜻입니다. 7일에 담긴 하나님의 마음을 깊이 이해한다면 우리는 복음 전하는 일에 더욱 열심을 내야 합니다.

노아: 하나님 말씀을 다 준행함 (2)

노아가 여호와께서 자기에게 명하신 대로 다 준행하였더라 홍수가 땅에 있을 때에 노아가 육백 세라 (창 7:5-6)

노아는 또다시 하나님의 말씀을 다 준행하였습니다. 이 표현은 노아 이야기에서 두 번째로 등장합니다. 저자는 의도적으로 이 표현을 반복하고 있습니다. 이것은 노아의 순종이 120년 전이나 지금이나 한결같음을 강조하는 것입니다. 또한 노아의 한결같은 순종은 훗날 이스라엘 백성이 율법을 한결같이 순종해야 함을 의미하기도 합니다.

한결같은 순종이 있는가?

하나님께 대한 노아의 순종은 한결같은 순종이었습니다. 나는 어떠한가요? 하나님께 순종하고 있습니까? 그리고 그 순종이 한결같은가요? 나 자신의 삶과 신앙을 점검해 봅시다.

신앙 교육의 중요성

노아가 600세 되던 해에 홍수 심판이 있었습니다. 그리고 그 해에 노아의 조부인 므두셀라가 죽음을 맞습니다. 만일 므두셀라와 노아가 같이 살았다면 두 사람이 같이한 세월이 600년입니다. 노아는 조부 므두셀라로부터 신앙 교육을 받았을 것입니다. 므두셀라는 자신의 이름의 배경이 무엇인지를 손자인 노아에게 충분히 각인시켰을 것입니다. 노아가 120년 동안 방주를 짓는 일에 흔들림이 없었던 이유 중 하나는 조상들로부터 받은 신앙 교육 때문일 것입니다.

우리도 우리의 후손들과 다음 세대에게 하나님의 말씀인 성경을 열심히 가르쳐야 합니다. 나는 나의 자녀나 교회의 다음 세대에게 말씀을 가르치는 일을 얼마나 소중히 여기고 있습니까? 그 일을 위해 어떤 노력을 하고 있습니까?

홍수 심판 과정

칠 일 후에 홍수가 땅에 덮이니 노아가 육백 세 되던 해 둘째 달 곧 그 달 열이렛날
이라 그 날에 큰 깊음의 샘들이 터지며 하늘의 창문들이 열려 사십 주야를 비가 땅
에 쏟아졌더라 곧 그 날에 노아와 그의 아들 셈, 함, 야벳과 노아의 아내와 세 며느
리가 다 방주로 들어갔고 그들과 모든 들짐승이 그 종류대로, 모든 가축이 그 종류
대로, 땅에 기는 모든 것이 그 종류대로, 모든 새가 그 종류대로 무릇 생명의 기운
이 있는 육체가 둘씩 노아에게 나아와 방주로 들어갔으니 들어간 것들은 모든 것
의 암수라 하나님이 그에게 명하신 대로 들어가매 여호와께서 그를 들여보내고
문을 닫으시니라 홍수가 땅에 사십 일 동안 계속된지라 물이 많아져 방주가 땅에
서 떠올랐고 물이 더 많아져 땅에 넘치매 방주가 물 위에 떠 다녔으며 물이 땅에
더욱 넘치매 천하의 높은 산이 다 잠겼더니 물이 불어서 십오 규빗이나 오르니 산
들이 잠긴지라 땅 위에 움직이는 생물이 다 죽었으니 곧 새와 가축과 들짐승과 땅
에 기는 모든 것과 모든 사람이라 육지에 있어 그 코에 생명의 기운의 숨이 있는
것은 다 죽었더라 지면의 모든 생물을 쓸어버리시니 곧 사람과 가축과 기는 것과
공중의 새까지라 이들은 땅에서 쓸어버림을 당하였으되 오직 노아와 그와 함께
방주에 있던 자들만 남았더라 물이 백오십 일을 땅에 넘쳤더라 (창 7:10-24)

노아의 홍수 이야기는 다른 홍수 신화, 예를 들면 고대 근동의 길가메시
서사시, 수메르의 홍수 신화 등과 비슷합니다. 모세가 다른 홍수 신화들을
참조했을 가능성도 있지만, 노아의 홍수 이야기가 다른 신화들과 근본적으
로 다른 것은 죄악과 죄인들을 심판하시는 하나님의 공의의 심판을 강조하
고 있는 점입니다.

노아가 2월 10일에 방주에 들어가고 7일이 지나자 드디어 40일간의 홍

2월 10일		7일 기다림	방주에 들어감
150일 동안 물이 땅에 창일함	2월 17일	40일간 계속됨	비 내리기 시작
	3월 26일		비가 멈춤
	7월 17일	150일 끝남	아라랏산에 머무름
150일간 땅에 물이 줄어듦	10월 1일	40일 기다림	산봉우리 보임
	11월 10일	1일 기다림	까마귀 내보냄
	11월 11일	7일 기다림	비둘기 그냥 돌아옴
	11월 19일	7일 기다림	감람나무 새 잎사귀를 물고 옴
	11월 27일		비둘기 돌아오지 않음
	12월 17일	150일 끝남	물이 걷힘
	12월 17일~1월 1일		방주 뚜껑 열림
땅이 마름(70일간)	2월 27일		방주에서 나옴
방주 안에서의 기간	방주에서 보낸 전체의 날 수 377일 7(기다림) + 150(창일) + 150(감함) + 70		

수 심판이 시작됩니다. 40 주야를 퍼붓던 물이 온 땅에 창일하게 된 기간은 150일이고, 창일했던 물이 땅에서 빠지는 기간이 150일입니다. 그 후 노아는 방주의 뚜껑을 열고 나오려고 했지만, 땅이 완전히 마를 때까지 56일을 더 기다렸습니다. 결국 홍수가 난 그다음 해 2월 27일에 노아의 가족들이 방주에서 나오게 됩니다(위 도표 참조).

4. 방주 문을 직접 닫으신 하나님

하나님은 노아의 여덟 식구와 모든 생물을 암수대로, 종류대로 방주로 들여보내시고 난 후 친히 방주의 문을 닫으셨습니다. 방주는 예수 그리스도의 구속을 예표합니다. 마지막 날 주님께서 이 땅에 재림하실 때에 구원의 문은 닫히게 될 것입니다. 아직 구원의 기회가 남아 있을 때 구원의 방주 안으로, 즉 예수 안으로 들어와야 합니다.

그날에 큰 깊음의 샘들이 터지며 하늘의 창문들이 열렸습니다. 궁창 위의 물과 궁창 아래의 샘이 다 터진 것입니다. 하나님께서는 노아의 여덟 식구들을 방주에 들여보내시고 문을 닫으셨습니다. 한 번 닫힌 방주의 문은 홍수 심판 중에 다시는 열리지 않았습니다. 홍수가 시작되자 얼마나 많은 사람이 방주로 들어오려고 했을까요? 그러나 더 이상 기회는 없었습니다.

창조 이전의 혼돈으로 다시 돌아감

홍수의 날에 궁창 위의 물이 쏟아지고 궁창 아래의 물들이 쏟아져서 온 세상을 뒤덮었다는 것은, 창세기 1장에서 둘째 날 하나님께서 궁창을 가운데 두고 윗물과 아랫물을 나누신 창조 질서가 파괴되었고, 이 세상이 창조 이전의 혼돈 상태로 돌아간 것을 의미합니다. 그래서 홍수 이후에 하나님은 이 혼돈을 질서로 바꾸시는 새 창조를 하셔야만 했던 것입니다. 하나님은 하나님께 온전히 순종하는 노아를 통해 새 질서를 만들어가실 것입니다.

복음을 전해야 할 이유

방주의 문이 한 번 닫히면 아무도 열 수 없듯이, 예수님께서 재림하시는 마지막 날에는 구원의 문이 영원히 닫힐 것입니다. 주님은 빌라델비아 교회에게 "닫으면 열 자가 없고 열면 닫을 자가 없다"라고 하셨습니다. 그러나 아직은 구원의 문이 열려 있습니다. 그러므로 구원의 기회가 남아 있을 때 한 영혼이라도 더 구원 받을 수 있도록 복음을 전해야 합니다.

　홍수로 인해 방주가 땅에서 떠올랐고, 높은 산도 물에 다 잠겼으며, 땅 위의 움직이는 모든 생물이 다 죽었습니다. 방주에 있던 노아의 여덟 식구만 살아남았습니다.

노아의 때와 같이 인자의 임함도 그러하리라 홍수 전에 노아가 방주에 들어가던 날까지 사람들이 먹고 마시고 장가들고 시집가고 있으면서 홍수가 나서 그들을 다 멸하기까지 깨닫지 못하였으니 인자의 임함도 이와 같으리라 (마 24:37-39)

창세기 8장

방주에서 나옴

1. 기억하시는 하나님

하나님이 노아와 그와 함께 방주에 있는 모든 들짐승과 가축을 기억하사 하나님이 바람을 땅 위에 불게 하시매 물이 줄어들었고 깊음의 샘과 하늘의 창문이 닫히고 하늘에서 비가 그치매 물이 땅에서 물러가고 점점 물러가서 백오십 일 후에 줄어들고 (창 8:1-3)

홍수 이야기 구조[38]

서론: 노아와 노아의 아들들 (6:9-10)
A 하나님께서 타락한 인류를 멸망시키기로 결심하심 (6:11-13)
　B 노아가 하나님의 지시에 따라 방주를 만듦 (6:14-22)
　　C 방주 안으로 들어가라 명령하심 (7:1-9)
　　　D 홍수 시작 (7:10-16)
　　　　E 150일간 산들이 물에 덮임 (17:17-24)
　　　　　F 하나님께서 노아를 기억하심 (8:1)
　　　　E′ 150일간 물이 줄어듦 (8:1-5)
　　　D′ 땅이 마름 (8:6-14)
　　C′ 방주에서 나오라고 명령하심 (8:15-19)
　B′ 노아가 단을 쌓음 (8:20)
A′ 여호와께서 다시는 인간을 홍수로 멸망시키지 않기로 결심하심 (8:21-22)

　홍수 이야기 구조의 중심은 F$^{(8:1)}$입니다. 하나님은 방주 안에 있는 노아와 그의 가족을 기억하셨습니다. 하나님은 당신의 자녀들을 잊지 않고 기억하시는 분이십니다. 당신의 백성들과 하신 약속을 잊지 않고 기억하시

38　앨런 로스, 김창동역, 『창조와 축복』(서울: 디모데, 2007), p. 280.

며, 당신의 자녀들을 가슴에 새기고 계신 분이 우리 하나님이십니다. 그런데 하나님의 기억하심은 하나님의 행동을 암시합니다. 기억하심은 곧 행동하심입니다.

여인이 어찌 그 젖 먹는 자식을 잊겠으며 자기 태에서 난 아들을 긍휼히 여기지 않겠느냐 그들은 혹시 잊을지라도 나는 너를 잊지 아니할 것이라 (사 49:15)

여러 해 후에 애굽왕은 죽었고 이스라엘 자손은 고된 노동으로 말미암아 탄식하며 부르짖으니 그 고된 노동으로 말미암아 부르짖는 소리가 하나님께 상달된지라 하나님이 그들의 고통 소리를 들으시고 하나님이 아브라함과 이삭과 야곱에게 세운 그의 언약을 기억하사 하나님이 이스라엘 자손을 돌보셨고 하나님이 그들을 기억하셨더라 (출 2:23-25)

2. 방주가 아라랏산에 머묾

일곱째 달 곧 그 달 열이렛날에 방주가 아라랏산에 머물렀으며 물이 점점 줄어들어 열째 달 곧 그 달 초하룻날에 산들의 봉우리가 보였더라 (창 8:4-5)

방주는 북쪽의 아라랏산에 머물게 됩니다. 아라랏산은 오늘날 튀르키예 동쪽과 이란 서북쪽에 위치해 있습니다. 그런데 방주는 왜 아라랏산에 머물렀을까요? '아라랏산'의 의미는 '거룩한 땅'입니다. 하나님은 구원 받은 성도들을 인도하시되 거룩한 자리로 이끄십니다.

구원의 목적은 단지 행복한 삶이 아니라 성도의 거룩함입니다. 성도는 거룩함으로 부르심 받은 자들인 것입니다. 하나님께서 거룩하신 것처럼 하나님의 백성들도 거룩해야 합니다.

3. 까마귀와 비둘기

사십 일을 지나서 노아가 그 방주에 낸 창문을 열고 까마귀를 내놓으매 까마귀가 물이 땅에서 마르기까지 날아 왕래하였더라 그가 또 비둘기를 내놓아 지면에서 물이 줄어들었는지를 알고자 하매 온 지면에 물이 있으므로 비둘기가 발 붙일 곳을 찾지 못하고 방주로 돌아와 그에게로 오는지라 그가 손을 내밀어 방주 안 자기에게로 받아들이고 또 칠 일을 기다려 다시 비둘기를 방주에서 내놓으매 저녁때에 비둘기가 그에게로 돌아왔는데 그 입에 감람나무 새 잎사귀가 있는지라 이에 노아가 땅에 물이 줄어든 줄을 알았으며 또 칠 일을 기다려 비둘기를 내놓으매 다시는 그에게로 돌아오지 아니하였더라 (창 8:6-12)

노아는 물이 어느 정도 빠졌는지를 확인하기 위해 부정한 새인 까마귀와 정결한 새인 비둘기를(레 11:15, 신 14:14) 내보냅니다. 그런데 까마귀는 돌아오지 않았습니다. 왜냐하면 까마귀는 죽은 시체를 먹는 새이기 때문입니다. 반면에 비둘기는 다시 방주로 돌아왔는데, 비둘기는 죽은 시체를 먹지 않기 때문입니다. 노아는 이런 일을 세 번이나 반복합니다.

두 종류의 신앙

성도는 까마귀 같은 삶을 살아서는 안 됩니다. 교회 안에도 까마귀 같은 사람들이 있습니다. 세상의 썩어질 것과 세상 사랑에 빠져서 하나님께로 돌아올 생각을 하지 않고 세상으로 떠나가는 자들이 까마귀 같은 사람들입니다. 세상을 사랑하여 바울을 떠난 데마처럼 말입니다(딤후 4:10).

성도는 비둘기 같은 사람들입니다. 비둘기는 죽은 시체를 먹지 않습니다. 비둘기는 발붙일 곳을 찾지 못하고 방주로 두 번이나 돌아옵니다. 세 번째에는 비둘기가 돌아오지 않았는데 그때에야 땅이 말랐기 때문입니다. 이 세상이 내가 영원히 살 땅이 아니라는 것을 알고 계속 하나님께로 돌아오는 사람들이 비둘기 같은 성도입니다. 죄악의 땅인 세상은 내가 정착할 땅이 아닙니다. 나는 까마귀와 비둘기 중 어떤 종류의 사람인가요?

성경에 나오는 비둘기에 담긴 두 가지 의미를 살펴봅시다

1) 하나님의 메신저
먼저 비둘기는 메시지를 전달하는 메신저의 역할을 합니다. 노아가 보낸 비둘기는 땅이 말랐는지 아닌지를 전해 주는 메신저의 역할을 했습니다. 앗수르의 수도 니느웨에 파송을 받은 요나 선지자의 이름의 뜻도 '비둘기'입니다. 그는 니느웨성 사람들에게 하나님의 심판을 전하는 메신저였습니다.

복음서를 보면 예수님께서 요단강에서 세(침)례를 받으실 때 비둘기 같은 성령이 임했습니다. 이때 예수님에게 임하신 비둘기 같은 성령은 순결한 영을 의미하기도 하지만, 한편으로는 성령님의 역할이 하나님의 복음을 전하는 영이심을 나타내는 것입니다.

성경의 비둘기는 메신저, 즉 하나님의 소식을 전하는 메신저입니다. 비둘기 같은 성령님이 임하신 자로서 나는 복음을 전하는 사명을 잘 감당하고 있습니까?

4. 56일간의 기다림과 방주에서 나옴

육백일 년 첫째 달 곧 그달 초하룻날에 땅 위에서 물이 걷힌지라 노아가 방주 뚜껑을 제치고 본즉 지면에서 물이 걷혔더니 둘째 달 스무이렛날에 땅이 말랐더라 하나님이 노아에게 말씀하여 이르시되 너는 네 아내와 네 아들들과 네 며느리들과 함께 방주에서 나오고 (창 8:13-16)

온 세상에 창일한 물은 홍수가 시작된 그다음 해 1월 1일에 땅에서 걷혔고, 노아는 방주의 뚜껑을 열고 물이 걷혔음을 확인했습니다. 그러나 노아는 바로 방주 밖으로 나오지 않았습니다. 땅이 완전히 마르기까지, 즉 2월 26일까지 기다립니다. 56일을 더 기다린 것입니다. 땅이 완전히 마르자 방주에서 나오라는 하나님의 명령이 떨어집니다. 그제서야 노아의 여덟 식구는 방주 밖으로 나오게 됩니다. 하나님은 물로 덮인 땅에서 물을 걷으시고 바람으로 땅을 말리셨습니다(8:1). 이 또한 창조 기사의 셋째 날에 행하신, 땅을 바다로부터 나누신 것과 같은 새 창조 사건입니다. 훗날 홍해의 물을 바람으로 나누셔서 마른 땅을 드러내신 사건도 새 창조의 역사입니다.

기다림의 훈련

1월 1일 뚜껑을 열었을 때 물이 걷힌 것을 알고 나서 노아는 얼마나 방주 밖으로 나오고 싶어 했을까요? 그런데 그는 56일을 더 기다립니다. 물론 땅이 완전히 마르지 않았기 때문에 더 기다려야만 했습니다. 신앙이 깊어질수록 하나님께서 시키시는 훈련은 기다림입니다. 그리고 기다릴 수 있으려면 하나님을 향한 신뢰가 있어야만 합니다. 믿음이 있어야 인내도 할 수 있는 것입니다. 믿음이 없는 자는 기다리지 못하고 원망하든지 하나님을 떠나든지 하게 됩니다. 나는 기다림의 훈련을 잘 견뎌내고 있습니까?

하나님의 인도하심을 받고 있는가?

노아는 땅이 마른 것을 확인했지만 56일을 더 기다리며 하나님의 하선 명령을 듣기 전에는 방주 밖으로 나가지 않았습니다. 노아는 하나님께서 나가도 좋다고 말씀하실 때까지 기다렸습니다. 성도들도 하나님의 인도하심을 따라 살았던 노아처럼 살아야 합니다. 분명한 하나님의 인도하심을 받을 때까지 잠잠히 기다려야 합니다. 나는 스스로 움직이는 사람입니까? 하나님의 인도하심을 기다리는 사람입니까?

5. 번제를 받으심

노아가 여호와께 제단을 쌓고 모든 정결한 짐승과 모든 정결한 새 중에서 제물을 취하여 번제로 제단에 드렸더니 여호와께서 그 향기를 받으시고 그 중심에 이르시되 내가 다시는 사람으로 말미암아 땅을 저주하지 아니하리니 이는 사람의 마음이 계획하는 바가 어려서부터 악함이라 내가 전에 행한 것 같이 모든 생물을 다시 멸하지 아니하리니 땅이 있을 동안에는 심음과 거둠과 추위와 더위와 여름과 겨울과 낮과 밤이 쉬지 아니하리라 (창 8:20-22)

노아가 방주 밖으로 나온 후 가장 먼저 한 일은 정결한 짐승을 취하여 하나님께 번제를 드린 것입니다. 하나님은 번제의 향기를 받으시고, 다시는 사람으로 인해 땅을 저주하지 않을 것이며 다시는 홍수로 세상을 멸하지 않을 것이라고 말씀하십니다.

노아의 번제가 하나님의 심판의 저주를 멈추게 한 것입니다. 이것은 번제물로 자신을 드린 예수 그리스도의 대속의 피 제사가 하나님의 심판과 저주를 멈추게 할 것에 대한 예표라고 할 수 있습니다. 하나님은 노아가 드린 번제의 향기를 열납하신 후, 다시는 사람으로 말미암아 땅을 저주하지 않겠다고 선언하십니다. 다시는 홍수로 모든 생물을 멸하지 않으실 것임을 하나님께서 약속하십니다. 번제, 즉 예수 그리스도의 십자가의 대속적 희생이 죄인을 향한 하나님의 심판을 멈추게 했습니다. 왜냐하면 예수 그리스도께서 우리가 받을 하나님의 심판과 저주를 다 받으셨기 때문입니다.

하나님 나라 재건 명령과 무지개 언약

1. 하나님 나라 재건 명령

하나님이 노아와 그 아들들에게 복을 주시며 그들에게 이르시되 생육하고 번성하여 땅에 충만하라 땅의 모든 짐승과 공중의 모든 새와 땅에 기는 모든 것과 바다의 모든 물고기가 너희를 두려워하며 너희를 무서워하리니 이것들은 너희의 손에 붙였음이니라 (창 9:1-2)

하나님은 방주에서 땅에 내려온 노아의 식구들에게 복을 주십니다. 영육 간의 전인적인 복입니다. 그리고 생육하고 번성하고 충만하라고 하십니다. 아담과 노아에게 "생육하고 번성하여 땅에 충만하라"고 하신 것은, 결국 이 세상이 하나님을 아는 하나님의 백성들로 채워지게 하라는 명령입니다. 이것을 하나님 나라의 재건 명령으로 보아야 합니다. 하나님은 아담의 실패로 잠시 균열되었던 하나님 나라를 노아를 통해서 다시 시작하기를 원하시는 것입니다.

노아는 새 시대를 열어 가는 하나님 나라의 동역자입니다. 하나님은 당신의 나라를 대리 통치자, 즉 동역자들과 함께 세워 가시는데, 이것이 하나님 나라의 법칙입니다.

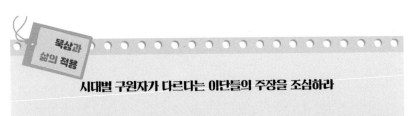

시대별 구원자가 다르다는 이단들의 주장을 조심하라

이단들은 각각의 시대마다 구원자가 다르다고 주장합니다. 그리고 마지막 시대의 구원자는 바로 자기 자신이라고 합니다. 그러나 모든 시대마다 구원자는 오직 우리 구주 예수 그리스도 한 분뿐이십니다. 자신을 구원자 예수라고 믿게 만드는 것은 우상숭배입니다.

신자들은 유일한 구원자요, 하나님 나라의 왕이신 예수 그리스도의 동역자들입니다. 주님은 하나님 나라를 시작하고 세워 가고 완성해 가는 데 시대별로 동역자들을 세우십니다. 우리는 우리 시대에 부르심을 받은 하나님 나라의 동역자요, 상속자인 것입니다.

2. 동물 식용 허용: 피째 먹지 마라

모든 산 동물은 너희의 먹을 것이 될지라 채소 같이 내가 이것을 다 너희에게 주노라 그러나 고기를 그 생명 되는 피째 먹지 말 것이니라 (창 9:3-4)

노아 홍수 이후로부터 사람들에게 동물이 식용으로 허용되었습니다. 그렇지만 짐승의 피는 먹지 말라고 하시는데, 피에는 생명이 있기 때문입니다.

피째로 먹지 말라는 의미

하나님께서 짐승을 피째 먹지 말라고 금지하신 이유는 고대 근동 지역의 우상숭배 문화와 관련이 있습니다.

피를 먹지 말라는 금령을 우상숭배와 관련된 것으로 보면 새로운 눈이 열리게 됩니다. 고대인들은 짐승들을 신으로 섬겼습니다. 특히 가나안에서는 염소를 신으로 섬겼는데, 가나안 땅은 염소와 수간을 하는 등 성적 타락이 만연한 곳이었습니다. 그런데 염소와의 수간 행위는 성적 욕망 이상의 의미가 있습니다. 염소를 신으로 섬겼던 가나안인들은 염소에게 있는 신적 능력을 자신의 것으로 만들기 위해서 염소와 성관계를 맺었습니다. 그리고 염소가 성적으로 흥분했을 때 염소를 죽여서 그 피를 먹으면 염소신의 영적 능력이 자기 것이 된다는 믿음이 있었습니다. 이런 배경을 안다면, 하나님께서 짐승을 피째 먹지 말라고 하신 것의 의미가 더 깊이 다가오게 됩니다.

3. 하나님의 형상인 사람의 살인 금지

내가 반드시 너희의 피 곧 너희의 생명의 피를 찾으리니 짐승이면 그 짐승에게서, 사람이나 사람의 형제면 그에게서 그의 생명을 찾으리라 다른 사람의 피를 흘리면 그 사람의 피도 흘릴 것이니 이는 하나님이 자기 형상대로 사람을 지으셨음이니라 (창 9:5-6)

하나님은 다른 사람의 피를 흘리게 하면 그 사람의 피도 흘릴 것이라고 하시며, 사람의 생명을 존중할 것을 명령하십니다. 왜냐하면 사람은 하나님의 형상대로 지으심을 받은 존재이기 때문입니다.

살인 금지 명령은 모세의 십계명이 선포되기 전부터 주신 하나님의 명령입니다. 살인은 사람만을 죽이는 일이 아니라 그 사람 안에 있는 하나님의 형상을 파괴하는 것이기에 악한 것입니다.

4. 무지개 언약

내가 너희와 언약을 세우리니 다시는 모든 생물을 홍수로 멸하지 아니할 것이라 땅을 멸할 홍수가 다시 있지 아니하리라 하나님이 이르시되 내가 나와 너희와 및 너희와 함께하는 모든 생물 사이에 대대로 영원히 세우는 언약의 증거는 이것이니라 내가 내 무지개를 구름 속에 두었나니 이것이 나와 세상 사이의 언약의 증거니라 내가 구름으로 땅을 덮을 때에 무지개가 구름 속에 나타나면 내가 나와 너희와 및 육체를 가진 모든 생물 사이의 내 언약을 기억하리니 다시는 물이 모든 육체를 멸하는 홍수가 되지 아니할지라 무지개가 구름 사이에 있으리니 내가 보고 나 하나님과 모든 육체를 가진 땅의 모든 생물 사이의 영원한 언약을 기억하리라 하나님이 노아에게 또 이르시되 내가 나와 땅에 있는 모든 생물 사이에 세운 언약의 증거가 이것이라 하셨더라 (창 9:11-17)

무지개, 나와 세상 사이에 언약의 증거니라

하나님은 다시는 모든 생물을 홍수로 멸하지 않으시겠다 하시며, 노아와 무지개 언약을 맺으십니다. '무지개'라는 단어는 영어로 '레인보우(rainbow)'입니다. 이 단어는 비(rain)와 활(bow)이라는 단어를 합친 것입니다.

무지개의 히브리어 단어는 '케쉐트(קֶשֶׁת)'로 '활'이란 뜻입니다. 일종의 '활 언약'을 맺는 것인데, 혹자는 이것을 하나님의 '자기 저주 맹세'라고 부르기도 합니다. 왜냐하면 무지개, 즉 활의 방향이 하늘을 향해 쏘도록 맞추어져 있어서 이 화살을 하나님이 맞게 되기 때문입니다. 하나님은 '내가 이 언약을 지키지 않으면 내가 스스로 화살을 맞을 것이다'라며 스스로 다짐과 각오를 보이시는 것입니다. 이는 하나님께서 반드시 이 약속을 지켜내시겠다는 것을 의미합니다. 이것이 바로 '무지개 언약'입니다. 무지개 언약은 일종의 하나님의 경고를 담은 은총의 성격을 가집니다. 이미 말했듯이 무지개는 '케쉐트'로서 전쟁용 무기인 활을 의미합니다. 구약에서 케쉐트라는 단어는 총 77회나 쓰였고, 그중 73회는 하나님의 심판을 가리키는 은유로 사용되었습니다. 즉, 무지개 언약이 하나님의 은총이지만, 동시에 죄에 대한 하나님의 활의 심판도 반드시 기억하라는 경고를 담은 은총이라

할 수 있는 것입니다.[39]

5. 노아의 세 아들

방주에서 나온 노아의 아들들은 셈과 함과 야벳이며 함은 가나안의 아버지라 노아의 이 세 아들로부터 사람들이 온 땅에 퍼지니라 (창 9:18-19)

노아의 아들은 셈과 함과 야벳입니다. 훗날 세 아들의 후손이 온 땅에 퍼졌는데, 모두 70 민족입니다(창 10장). 그런데 출애굽기 1장에서도 야곱의 후손들 70명이 요셉이 국무총리로 있는 애굽으로 이주합니다. 누가복음 10장에도 주님께서 70명의 전도 일꾼들을 파송하십니다. 70이라는 숫자가 반복되어 나타나고 있습니다. 그런데 노아의 아들들에 대하여 언급하면서 함을 가나안의 아비라고 소개하는 점이 특이합니다. 가나안 입성을 앞두고 있는 출애굽 2세대들에게 가나안 원주민들이 역사적으로 어떤 사람들이었는지 배경을 제시하는 것 같습니다. 그리고 가나안 족속들을 왜 정복해야 하는지 그 이유를 밝히는 기능을 합니다.

6. 노아의 넘어짐(창 9:18-29)

노아가 농사를 시작하여 포도나무를 심었더니 포도주를 마시고 취하여 그 장막

---

39 김이곤,『죽음을 극복하는 길』(서울: 베리타스프레스, 2013), pp. 86-87.

안에서 벌거벗은지라 가나안의 아버지 함이 그의 아버지의 하체를 보고 밖으로 나가서 그의 두 형제에게 알리매 셈과 야벳이 옷을 가져다가 자기들의 어깨에 메고 뒷걸음쳐 들어가서 그들의 아버지의 하체를 덮었으며 그들이 얼굴을 돌이키고 그들의 아버지의 하체를 보지 아니하였더라 (창 9:20-23)

지금까지 '영적 거목'처럼 묘사되었던 노아가 신앙적으로 무너지는 장면입니다. 하나님은 홍수 심판 후에 노아에게 생육하고 번성하여 땅에 충만하라는 하나님 나라 재건 사명을 주셨습니다. 그런데 본문에서 노아는 포도주에 취해 벌거벗고 자신의 하체를 드러내고 있습니다. 하체는 '에르와 (הורע)'인데, 성기를 가리킵니다. 구약은 술 취함에 대해서 부정적으로 묘사합니다(잠 23:29~35, 사 5:22, 레 10:9, 민 6:4). 물론 포도주 자체를 긍정적으로 묘사하는 구절도 성경에는 많이 있습니다.(시 104:15, 삿 9:13, 사 25:6).

방주에서 나온 노아는 하나님 나라를 세우는 일에 실패합니다. 그가 술에 취해서 벌거벗은 것은 단지 술의 문제가 아니라, 사명을 잃어버리고 자신의 정욕을 추구하는 삶을 살고 있음을 의미합니다. 술 한 번 먹은 걸 가지고 노아를 너무나 부정적으로 평가하는 것 아니냐고 반문하는 독자들이 있을지 모르겠지만, 이것은 단지 한 번의 실수를 말하는 것이 아닙니다. 왜냐하면 "벌거벗은지라"라는 단어가 히브리어로 '갈라(גלה)'인데, 이 단어는 금지된 성적 행위를 나타내기 위해 자주 사용되었던 단어이기 때문입니다. 이 단어는 레위기 18장과 20장에서 금지된 상황에서의 성교, 일반적으로 근친상간을 의미하는 '수치를 드러내다'라는 표현으로 24회 등장합니다(신 22:30; 27:20).[40] 즉, 이 단어는 금지된 성적 행위를 나타내기 위해 가장 자주

---

40 바이블렉스(BibleLex, 브니엘성경연구소) 참조.

사용된 단어입니다.

사람이 그의 아버지의 아내를 취하여 아버지의 하체를 드러내지 말지니라 (신 22:30)

또한 히브리어로 "벗었다"라는 단어 자체는 재귀형(히트파엘형)[41]인데, 재귀형은 누가 억지로 시킨 것이 아니라 스스로 벗은 것을 표현하는 것입니다. 이 단어가 하나님께서 근친상간을 금할 때 쓰신 단어라는 것과, 스스로 벗은 재귀형이란 점에서 노아의 행동은 성적 욕망을 드러내고 있는 것이라고 볼 수 있습니다.

성경이 의인 노아의 허물을 드러내는 이유

창세기 6장의 노아와 창세기 9장의 노아, 노아의 진짜 모습은 무엇일까요? 창세기 6장에서 노아는 의인이고, 당대 완전한 자라고 칭찬을 받았습니다. 그래서 독자들은 노아를 대단한 신앙적 위인으로 생각합니다. 물론 노아는 충분히 칭찬을 받을 만한 신앙과 삶을 살아 냈습니다. 그러나 그도 죄인이며, 죄의 유혹에 넘어갈 수 있는 연약한 사람임을 간과해선 안 됩니다. 존 H. 세일해머(John H. Sailhamer)도 같은 입장을 표명하였습니다.

창세기 9장은 노아를 향한 우리의 시각을 교정해 줍니다. 노아의 실체가 이 본문에서 잘 드러나는데, 성경은 노아도 여전히 죄인이며 하나님의 은혜가 필요한 사람임을 폭로합니다.

---

41 앨런 로스, 김창동 역, 『창조와 축복』(서울: 디모데, 2007), p. 315.; 케네스 매튜스, 권대영 역, 『NAC 창세기 1』(서울: 부흥과개혁사, 2018), p. 511.

완전한 자로서 하나님과 동행했던 노아와 포도주로 만취되어 정욕을 억제하지 못해 자신의 하체를 드러낸 노아, 이 두 모습 다 본래의 노아라고 볼 수 있습니다.

내 안에 있는 두 노아

우리 안에도 창세기 6장의 노아, 즉 하나님과 동행하고 그분의 뜻대로 살고 싶은 거룩한 노아가 있지만, 창세기 9장의 노아, 즉 은밀하게 죄악에 빠져 무너지고 있는 연약한 나도 있습니다. 두 명의 노아가 내 안에 동시에 존재하고 있는 것입니다.

사람들 앞에서는 창세기 6장의 노아의 모습으로 가면을 쓸 수 있지만, 실제의 삶 속에서는 창세기 9장의 노아가 내 안에 폭로될 때가 많습니다. 그렇지만 내 안에서 창세기 9장의 노아가 폭로될 때 좌절하거나 포기해서는 안 됩니다. 내 안의 죄성이 폭로되게 하심은 어쩌면 하나님의 은혜일 수 있습니다. 그럴 때 하나님의 은혜를 더 구하게 되기 때문입니다. 주석가 델리취는 이 사건을 "큰 홍수에서 자신의 땅을 지켜 낸 노아가 포도주에 무릎을 꿇었다"라고 말합니다.[42]

7. 함-'폭로'

가나안의 아버지 함

성경은 함을 소개할 때마다 함의 아들인 가나안을 강조합니다. 이는 창세기의 최초 독자인 출애굽 2세대들에게 가나안 정복 전쟁이 어떤 성격인

---

42 케네스 매튜스, 권대영 역, 『NAC 창세기 1』(서울: 부흥과개혁사, 2018), p. 512.

가를 각인시키려는 의도로 보입니다.

아버지의 벌거벗음과 하체를 가장 먼저 본 가나안의 아버지 함은 두 형제에게 이 사실을 알립니다. 여기서 '보다^(히브리어로 라아[רָאָה])'는 '주목하여 자세히 보았다'는 의미이며, 함이 아비의 허물을 보고 즐겼음을 의미합니다. '알리다'는 '나가드^(נָגַד)'로 '폭로하다'라는 의미인데, 나가드는 어떤 사실을 객관적으로 말하는 것이 아니라 누군가의 비밀을 폭로하는 것을 의미합니다.

이 단어는 들릴라가 삼손의 힘의 비밀이 무엇인지 말하라고 조르는 대목에서도 사용되었던 단어입니다.

> 들릴라가 삼손에게 말하되 청하건대 당신의 큰 힘이 무엇으로 말미암아 생기며 어떻게 하면 능히 당신을 결박하여 굴복하게 할 수 있는지 내게 말하라^(나가드) 하니 (삿 16:6)

함은 아비의 허물을 보고 그것을 폭로하고 정죄함으로써 노아의 저주를 받았습니다. 구속사적 측면에서 함은 율법주의 영성을 상징합니다. 함의 영성을 가진 자들은 남들의 죄와 부족, 연약함을 지적하고 판단합니다.

8. 셈과 야벳-'덮음'

그러나 다른 두 형제인 셈과 야벳은 아비의 하체를 보지 않으려고 뒷걸음쳐서 들어간 후 얼굴을 돌이킨 상태에서 아비의 하체를 덮었습니다. '덮었다'는 히브리어로 '카사^(כָּסָה)'입니다. 카사는 '덮다'는 뜻뿐만 아니라 '용서하다'라는 의미도 있습니다. 즉, 덮는다는 것은 용서하는 것입니다.

허물의 사함을 받고 자신의 죄가 가려진 자는 복이 있도다 (시 32:1)

구속사적 측면에서 볼 때 셈과 야벳은 누군가의 허물과 죄악을 덮고 용서하는 은혜의 영성을 상징합니다.

교회 안에 있는 두 종류의 영성, 덮는 자와 들추는 자

교회 안에도 두 종류의 영성이 있는데, 다른 사람의 허물을 고발하고 정죄하는 율법주의의 영성과 다른 사람의 허물을 보고 그것을 기도와 사랑으로 덮는 은혜의 영성입니다. 전자가 많으면 정죄가 넘치며, 은혜의 영성이 넘치는 교회는 따뜻합니다. 나는 다른 사람들의 허물을 드러내고 고발하는 함처럼 살고 있습니까? 아니면 다른 사람들의 허물을 덮고 가리는 셈과 야벳처럼 살고 있습니까?

성경의 역사는 덮는 옷의 역사

셈과 야벳의 덮는 행위를 통해 하나님께서 그리스도 안에서 무슨 일을 하려고 하시는지를 예표합니다.
　하나님은 아담과 하와의 허물과 벌거벗은 몸을 짐승의 가죽옷으로 덮으셨습니다. 노아의 허물과 벌거벗음은 셈과 야벳의 옷으로 덮었습니다. 그리고 우리의 허물과 벌거벗음은 예수 그리스도의 의의 옷으로 덮어 주십니다.

9. 축복과 저주

노아가 술이 깨어 그의 작은 아들이 자기에게 행한 일을 알고 이에 이르되 가나
안은 저주를 받아 그의 형제의 종들의 종이 되기를 원하노라 하고 (창 9:24-25)

가나안^(함): 종

가나안은 저주를 받아, 형제의 종들의 종이 됨

노아가 술에서 깨어나 세 아들이 행한 일을 알게 되었을 때 함을 저주하
는데, 특이한 것은 함이 아니라 함의 아들 가나안을 저주한 것입니다. 잘못
은 함이 했는데 저주는 함의 아들 가나안이 받습니다. "가나안은 저주를 받
아 그의 형제의 종들의 종이 되기를 원한다"라는 노아의 저주는 원독자의
입장에서 살펴보아야 합니다.

창세기의 최초 독자인 출애굽 2세대는 3개월 후에 가나안 땅에 들어가
서 가나안 민족을 진멸해야 할 사람들입니다. 그러면 이들이 진멸해야 할
가나안 부족들의 뿌리를 알아야 했고, 그들이 왜 저주 가운데 셈 족속의 종
이 되어야 하는지도 알아야 했습니다. 그리고 자신들이 가나안 부족들과
교류하고 섞여서는 안 된다는 것을 깨달아야 했습니다.

모세는 "너희들이 앞으로 만나게 될 가나안 족속들은 너희의 종이며, 통
치하고 다스려야 할 자들이다"라고 선포하고 있는 것입니다.

셈: 하나님을 찬송

또 이르되 셈의 하나님 여호와를 찬송하리로다 가나안은 셈의 종이 되고 (창 9:26)

노아는 자신의 허물을 덮어 준 셈과 야벳을 축복합니다. 셈의 하나님 여호와를 찬송하는 것은, 셈의 계열을 통해 메시아를 보내실 것을 의미하는 것입니다. 실제로 셈 족속으로부터 아브라함, 이삭, 야곱, 유다, 다윗, 예수 그리스도가 나오게 됩니다. 그리고 가나안은 셈의 종이 될 것이라고 말씀하십니다.

야벳: 창대

하나님이 야벳을 창대하게 하사 셈의 장막에 거하게 하시고 가나안은 그의 종이 되게 하시기를 원하노라 하였더라 (창 9:27)

야벳을 창대하게, 셈의 장막에 거하게, 가나안은 그의 종이 됨

노아는 하나님께서 야벳을 창대하게 하사 셈의 장막에 거하게 하실 것이라고 말하며 야벳을 축복합니다. 셈이 영적인 축복(종교적)을 받는다면 야벳은 셈의 장막, 즉 셈의 영적인 날개 안에 들어와서 물질의 축복을 받게 될 것입니다. 노아는 가나안의 후손들이 두 형제의 후손들의 종이 될 것을 다시 한 번 더 강조합니다. 대략적이지만 지역적으로 분류해 보자면 함과 가나안의 후손들은 주로 아프리카 지역에, 야벳의 후손들은 유럽 지역에, 셈의 후손들은 중동과 아시아 지역에 퍼져서 살게 됩니다.

10. 노아, 950세에 죽음

홍수 후에 노아가 삼백오십 년을 살았고 그의 나이가 구백오십 세가 되어 죽었더라 (창 9:28-29)

노아는 홍수 후에 350년을 더 살다가 950세가 되어 죽음을 맞았습니다. 노아와 방주는 구속사적으로 예수 그리스도를 예표하기에 충분합니다. 노아(안식과 위로)는 진정한 안식과 위로를 주시는 예수님을, 그가 만든 방주는 그리스도의 구원의 방주를 상징합니다. 잠시 넘어지는 일도 있었지만, 노아는 평생을 하나님과 동행하며 경건한 삶을 살았습니다.

창세기 10장

노아 후손의 족보

창세기 10장에는 노아의 세 아들, 즉 야벳과 함과 셈의 족보가 소개됩니다. 10장에서 셈의 족보가 가장 마지막으로 소개되는 것은 11장에 나오는 셈의 족보와의 연결을 위함입니다. 노아의 후손들은 총 70 부족입니다. 야벳에서 14 부족이, 함에게서 30부 족이, 셈에게서 26부족이 생겨났습니다. 이스라엘 백성들은 창세기 10장에 소개된 70 부족의 족보를 보면서, '제사장 나라'로서의 자신들의 임무와 특권을 새삼 느껴야 했습니다.

1. 야벳의 족보(창 10:2~5)

야벳의 아들들

저자는 가장 먼저 야벳의 후손들을 소개합니다. 야벳의 아들들은 고멜, 마곡, 마대, 야완, 두발, 메섹, 디라스이고, 고멜의 아들은 아스그나스, 리밧, 도갈마이며, 야완의 아들은 엘리사, 달시스, 깃딤, 도다님입니다. 이들은 주로 유럽대륙에 정착하게 됩니다.

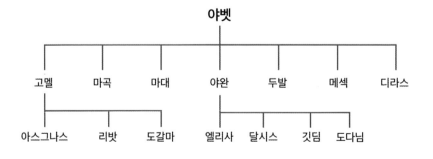

_____
43 김의원, 『창세기 연구』(서울: CLC, 2013), p. 202.

2. 함의 족보(창 10:6~20)

함의 아들은 구스와 미스라임과 붓과 가나안입니다. 함의 손자들은 24명이고, 증손자는 2명입니다. 함의 아들 중 붓을 제외한 나머지 세 아들의 족보가 상세히 기술되어 있습니다.

함의 후손들[44]

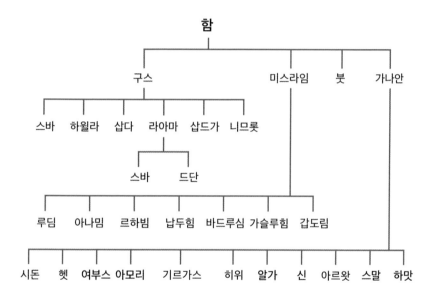

구스의 후손들

구스가 또 니므롯을 낳았으니 그는 세상에 첫 용사라 그가 여호와 앞에서 용감

---

44 김의원, 『창세기 연구』(서울: CLC, 2013), p. 203.

한 사냥꾼이 되었으므로 속담에 이르기를 아무는 여호와 앞에 니므롯 같이 용감한 사냥꾼이로다 하더라 그의 나라는 시날 땅의 바벨과 에렉과 악갓과 갈레에서 시작되었으며 그가 그 땅에서 앗수르로 나아가 니느웨와 르호보딜과 갈라와 및 니느웨와 갈라 사이의 레센을 건설하였으니 이는 큰 성읍이라 (창 10:8-12)

우리는 함의 아들인 구스의 아들 중에서 '니므롯'을 주목해 보아야 합니다. 니므롯은 '정복자, 약탈자'라는 뜻입니다. 니므롯은 첫 용사였고, 용감한 사냥꾼이었으며, 나라의 왕으로 군림했습니다. 그의 나라는 메소포타미아 지역 시날 땅의 바벨과 에렉과 악갓과 갈레에서 시작되었고, 제국을 더 확장하여 앗수르의 니느웨, 르호보딜, 갈라, 레센까지 이르는 대제국을 건설하였습니다. 니므롯은 창세기 11장의 바벨탑^(성읍) 건설에 있어서 중추적 역할을 했을 것입니다. 바벨탑^(탑이 아니라 거대한 성읍이다)은 하나님 나라를 대적하는 세상 나라를 상징합니다.

현대판 니므롯

고대 근동 설화에 의하면, 니므롯(Nimrod)은 죽어서 태양신이 되었고, 그의 아내인 세미라미스(Semiramis)가 아들을 낳았는데 그가 담무스(Tammuz)라고 합니다. 에스겔서 8장에 보면 이스라엘 백성이 예루살렘 성전에 온갖 우상을 가져다 놓고 그 우상들을 섬기는데 그중의 하나가 여인들이 섬기는 담무스입니다.

이 담무스는 죽은 니므롯의 현현이라고 믿어졌는데, 담무스가 어렸기 때문에 어미인 세미라미스가 섭정을 하였다고 합니다. 그래서 사람들은 세미라미스와 어린 담무스의 모자상을 만들어서 섬겼습니다.

가톨릭에서도 마리아가 어린 예수를 안고 있는 모습의 조각상을 만들었고, 마리아를 성모라 하며 마리아 숭배를 교리화하고 있습니다. 이것이 세미라미스와 아들 담무스 숭배와 연관되어 있는 것은 아닐까 하는 생각이 듭니다.

3. 미스라임의 후손들: 애굽

함의 아들 중에 미스라임의 후손들이 소개됩니다.

미스라임은 루딤과 아나밈과 르하빔과 납두힘과 바드루심과 가슬루힘과 갑도림을 낳았더라 (창 10:13-14)

미스라임의 후손들은 이스라엘과 깊은 관련이 있는 애굽 민족들이 됩니다. 미스라임의 아들 중에 가슬루힘에게서 블레셋이 나왔다는 것을 알 수 있습니다. 블레셋 족속은 앞으로 계속해서 이스라엘과 전쟁을 치르게 됩니다.

4. 가나안 족보(창 10:15-20)

저자는 함의 아들 가나안의 후손들을 기록합니다.

가나안은 장자 시돈과 헷을 낳고 또 여부스 족속과 아모리 족속과 기르가스 족속과 히위 족속과 알가 족속과 신 족속과 아르왓 족속과 스말 족속과 하맛 족속을 낳았더니 이 후로 가나안 자손의 족속이 흩어져 나아갔더라 (창 10:15-18)

가나안은 모두 11 족속인데, 가나안의 족보가 중요한 이유는 이스라엘 민족이 가나안 땅에 들어가서 정복해야 할 민족이기 때문입니다. 여호수아서에 보면 가나안 7 족속이라고 나오는데, 창세기 10장에 나오는 족보에는 11 족속이라고 기록되어 있습니다. 여호수아서에서 '가나안 일곱 족속'이라고 하는 것은 완전수로 표현한 것입니다. 요한계시록에서 소아시아에 많은 교회가 있지만 일곱 교회로 전체 교회를 대표하는 것과 맥락이 같습니다.

5. 셈의 족보(창 10:21-32)

창세기 10장과 11장에 셈의 족보가 두 번 반복됩니다. 이것은 저자가 이스라엘의 조상인 아브라함을 등장시키기 위해 무대를 세팅하고 있는 것으로 볼 수 있습니다. 셈은 '명성'이라는 뜻을 가지고 있으며, 셈의 아들들은 5명, 후손들은 21명입니다.

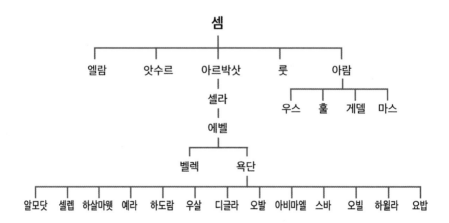

셈의 후손들[45]

셈의 아들은 엘람과 앗수르와 아르박삿과 룻과 아람이요 (창 10:22)

셈(11대)의 아들 중 셋째 아들 아르박삿(12대)에서 아브라함(20대)이 나오며, 아브라함을 통해 다윗이, 다윗을 통해 예수 그리스도가 나오게 됩니다. 셈의 족보는 그래서 매우 중요한 것입니다. 셈의 족보는 창세기 11장에서 자세히 소개되고 있습니다. 셈과 함과 야벳의 후손들의 지역적 분포[46]는 다음과 같습니다. 야벳의 후손들은 오늘날 튀르키예, 그리스, 지중해 동부 지역의 섬들에 분포했고, 함의 후손들은 나일강과 유프라테스강 유역, 아라비아 일부 지역에 분포했으며, 셈의 후손들은 이란의 산악지역, 메소포타미아 북부지역, 시리아, 아라비아반도에 살았습니다. 그러므로 셈의 후손들은 황인종, 함의 후손들은 흑인종, 야벳의 후손들은 백인종으로 단순하게 분류하는 것은 적절하지 않습니다.

---

45 김의원, 『창세기 연구』(서울: CLC, 2013), p. 204.
46 천사무엘, 『성서주석 1: 창세기』(서울: 대한기독서회, 2001), p. 166.

창세기 11장

바벨탑(성읍)

1. 언어가 하나

온 땅의 언어가 하나요 말이 하나였더라 이에 그들이 동방으로 옮기다가 시날 평지를 만나 거기 거류하며 (창 11:1-2)

노아의 후손들은 번성하여 70 민족이 됩니다. 이때까지 언어가 하나였기 때문에 서로 의사소통을 잘할 수 있었습니다. 사람들은 동쪽 메소포타미아의 시날 평지에 모여서 바벨탑을 쌓기 시작합니다. 시날은 바벨론 남부의 수메르를 말합니다.

여기에 탑이라는 단어는 히브리어로 '이르'인데, 큰 성읍을 의미합니다. 그들은 니므롯을 중심으로 탑이 아니라 큰 도시, 제국을 건설하려고 한 것입니다.

10~11장의 구조를 살펴보면 메시지가 있습니다.

> a 셈, 함, 야벳 족보(10장, "흩어지라"라는 하나님의 말씀 성취)
> b 바벨탑(11장 전반부, "흩어짐을 면하자"라는 하나님을 향한 반역)
> a′ 셈 족보(11장 후반부, 아브라함을 통한 구원 사역)

위의 구조를 보면 그 중심에 하나님의 명령에 반역하는 바벨탑 사건이 있고[b], 그 앞과 뒤로 하나님의 일하심이[a와 a′] 있습니다. 이는 인간의 반역에도 하나님의 구원 사역은 멈추지 않음을 의미합니다.

에녹성에서 바벨성, 여리고성 그리고 요한계시록의 큰 성 바벨론까지

창세기 5장의 설명 부분에서 필자는 이미 인류를 두 종류로 나누었습니다. 하나는 성을 쌓는 계열, 또 하나는 돌 제단을 쌓는 계열이었습니다. 성을 쌓는다는 것은 스스로 자기 안전을 확보하며 자기 힘을 의지하는 것을 의미합니다. 가인과 그 아들 에녹이 쌓기 시작한 성은, 창세기 11장의 바벨성으로, 여호수아 시대의 여리고성으로, 그리고 최종적으로 요한계시록의 큰 성 바벨론으로 이어집니다. 하나님을 의지하지 않는 인생이 할 수 있는 것은 스스로 성을 쌓아 자신을 지키는 것밖에 없는 것입니다.

바벨성의 목적

서로 말하되 자, 벽돌을 만들어 견고히 굽자 하고 이에 벽돌로 돌을 대신하며 역청으로 진흙을 대신하고 또 말하되 자, 성읍과 탑을 건설하여 그 탑 꼭대기를 하늘에 닿게 하여 우리 이름을 내고 온 지면에 흩어짐을 면하자 하였더니 (창 11:3-4)

하늘 꼭대기까지

사람들은 왜 갑자기 큰 성읍을 건설하려고 했을까요? 이들이 했던 말들에서 그 단서를 찾을 수 있습니다. 두 문장이 중요합니다. 첫째는 "하늘 꼭대기에 닿도록 탑을 쌓아 보자"라는 것이고, 둘째는 "우리 이름을 내자"입니다.

사람들은 왜 바벨탑을 하늘 높이 닿도록 쌓자고 했을까요? 또다시 홍수 심판이 올 때를 대비해서 피할 길을 준비한 것이 아닌가 하고 생각합니다. 사람들은 다시는 홍수로 세상을 심판하지 않겠다는 하나님의 언약을 믿지 못했던 것입니다. 그들이 탑을 쌓았던 시날 땅은 유프라테스강 유역에 위치한 도시이며, 이 도시의 유적지는 현재 이라크 바그다드의 남쪽 80킬로미터, 힐라(Hillah)의 북쪽 8킬로 지점에 있습니다.[47] 그들은 유프라테스강 범람의 위험으로부터 자신들을 지키려고 한 것입니다.

한편 바벨성(탑)은 고대 메소포타미아 지역의 수메르 우르의 지구라트와 같은 것으로 추정됩니다. 지구라트는 도시의 특성을 나타내는 피라미드 형태의 계단식 신전탑의 종교적 건축물로, 지금까지 약 25개의 지구라트가 발견되었습니다. 우르 남무왕(B.C. 2112~2096)은 세로 63미터, 가로 43미터의 부지 위에 30미터 높이의 신전을 건설한 것으로 알려졌는데, 그곳은 수메르의 달신인 '난나(Nanna)'에게 제사를 지냈던 신전이었습니다.[48]

또한, 바벨론 느부갓네살왕 때 '마르두크(Marduk)' 지역에 70층짜리 탑이 있었는데, 가로와 세로가 각 90미터, 높이가 90미터였다고 합니다. 그 꼭대기에는 '에테메난키(Etemenanki)'라는 신전이 있었습니다.

우리의 이름을 내고

바벨성(탑) 건축의 목적은 또한 "우리의 이름을 내자"라는 말 속에 잘 나타나 있습니다. 즉, 바벨탑 사건의 핵심은 "우리의 이름을 내자"는 것입니다.

하나님께서 하나님의 형상으로 사람을 만드신 목적은 하나님의 이름을 온 세상에 내게 하기 위해서였습니다. 하나님의 형상대로 지어진 인간을 보고 만물들이 창조주 하나님을 볼 수 있도록 하려는 것이었습니다.

그런데 니므롯과 사람들은 하나님이 아닌 자신의 이름을 내고자 하였습니다. 유대 철학자 필로가 쓴 글에는 "바벨탑을 쌓았던 벽돌 하나하나에 바

---

47 바이블렉스 참조.
48 앨런 로스, 김창동 역, 『창조와 축복』(서울: 디모데, 2007), p. 348.

벨탑 작업에 참여했던 사람들의 이름이 새겨졌다"고 기록되어 있습니다. 창세기 11장의 바벨탑 반역 사건은 창세기 3장의 선악과 범죄 사건의 재현 이라고 볼 수 있습니다.

인본주의의 상징: 하늘에 이르는 문을 사람의 힘으로

'바벨'은 '혼잡하다, 흩어지다'라는 뜻을 가지고 있습니다. 구약에는 이 단어가 262번 나옵니다. 그런데 이 단어는 수메르어에서 유래된 것으로, 바벨은 수메르어의 '카딩길라(ka-dingir-ra, 신의 문)'를 번역한 것입니다.[49] 다시 말해서, 바벨은 '하늘에 이르는 문'이라는 뜻입니다.

니므롯이 하늘에 이르는 문을 만들었다는 것은, 하나님의 은혜와 방법이 아닌 사람의 힘과 능력, 인간의 의로 하나님께 갈 수 있다고 주장하는 인본 주의, 율법주의, 행위의 의를 상징하는 것입니다. 바벨성(塔)은 인간의 힘으 로 얼마든지 신의 영역에 갈 수 있다고 믿는 세상의 모든 종교를 대표하는 것입니다. 또한 인간이 대동단결하여 흩어짐을 면하고 탑을 꼭대기까지 쌓 아 인간의 이름을 내고자 했던 일종의 거인주의의 오만이라고 할 수 있습 니다.[50]

온 지면에 흩어짐을 면하자

바벨탑의 목적은 온 지면에서 흩어짐을 면함이었습니다. 이것은 창세기 1장에서 하나님께서 남자와 여자를 창조하시고 "생육하고 번성하여 땅에 충만하라, 땅을 정복하고 다스리라"라는 하나님의 선교 명령과 창조 목적

---

49 바이블렉스 참조.
50 김이곤, 『죽음을 극복하는 길』(서울: 베리타스프레스, 2013), p. 97.

을 정면으로 부정하는 것입니다.

2. 하나님의 심판

여호와께서 사람들이 건설하는 그 성읍과 탑을 보려고 내려오셨더라 여호와께서
이르시되 이 무리가 한 족속이요 언어도 하나이므로 이같이 시작하였으니 이후로
는 그 하고자 하는 일을 막을 수 없으리로다 자, 우리가 내려가서 거기서 그들의
언어를 혼잡하게 하여 그들이 서로 알아듣지 못하게 하자 하시고 여호와께서 거
기서 그들을 온 지면에 흩으셨으므로 그들이 그 도시를 건설하기를 그쳤더라 그
러므로 그 이름을 바벨이라 하니 이는 여호와께서 거기서 온 땅의 언어를 혼잡하
게 하셨음이니라 여호와께서 거기서 그들을 온 지면에 흩으셨더라 (창 11:5-9)

하나님은 그 성읍과 탑을 보려고 내려오셨습니다. 인간은 "하늘 꼭대기
까지 닿게 탑을 쌓으려고" 했지만, 인간들이 아무리 높게 쌓았다 할지라도
하나님은 그것을 보시기 위해서 내려가셔야만 했습니다. 그리고 하나님은
사람들의 악한 동기와 목적을 보시고 바벨탑을 심판하시기로 하셨습니다.
하나님은 언어를 혼잡하게 하셔서 사람들이 서로 알아듣지 못하게 하셨습
니다. 그리고 사람들을 온 세상에 흩으셨습니다. 사람들이 온 세상에 흩어
지는 것은 하나님의 창조 목적 중의 하나였으며, 역설적이게도 바벨을 통
해서 이 목적이 성취되었습니다.

사도행전을 보면 초대교회에 엄청난 부흥이 왔지만, 예루살렘 교회의 성
도들은 땅 끝까지 복음을 전하기 위해 스스로 떠나지는 않았습니다. 그러
자 하나님은 핍박자 사울을 등장시키셨고, 교회를 향한 박해를 통해 예루

살렘의 성도들을 사마리아와 소아시아, 그리고 로마까지 흩으셨습니다.

바벨탑을 쌓는 사람들을 흩으신 사건은 하나님의 심판이기도 하지만 역설적으로 "생육하고 번성하여 땅에 충만하라"라는 하나님의 명령에 대한 성취 사건이기도 합니다. 노아의 후손 70 민족을 강제로 온 세상에 흩어 버리셨습니다. 하나님은 사람들의 언어를 혼잡하게 하셨고, 말이 통하지 않게 되자 사람들은 자연스럽게 전 세계로 흩어져 살게 된 것입니다.

그런 면에서 북이스라엘과 남유다가 앗수르와 바벨론에 의해 멸망당한 후 온 세상에 포로로 끌려가 디아스포라로 정착하게 된 것도, 부정적인 방법이긴 하지만 땅에 충만하라는 하나님의 명령의 성취로 볼 수도 있습니다.

이스라엘 백성아, 교만하면 무너진다

창세기 11장에서 바벨탑을 쌓으려는 인간들이 하나님의 심판을 받은 것을 통해 모세가 자신의 백성들에게 가르치고 싶었던 것은, '교만하면 심판이 온다'는 교훈입니다. 훗날 이스라엘 백성이 앗수르와 바벨론으로 흩어진 것은 그들의 교만 때문이었습니다.

언어 통알: 오순절 성령 강림(행 2장)

바벨탑 심판으로 혼잡하게 된 언어가 공식적으로 하나가 된 때가 있었습니다. 사도행전 2장에서 오순절 성령님의 강림 때에 사람들의 언어가 공식적으로, 내용적으로 하나가 됩니다. 이때 120명의 제자들이 사용했던 언어가 15개국의 언어였는데, 15개 나라의 언어가 선포되었지만 내용에 있어서는 하나로 통일되고 있었습니다. 바로 예수 그리스도의 십자가 고난과 부활하심에 관한 것이었습니다. 120명의 제자들은 성령을 받고 나서 한 번도 배우지 못한 다른 나라의 언어, 그것도 15개국의 언어로 복음을 전합니다. 이처럼 성령께서 오셔야 언어가 하나가 될 수 있습니다. 신앙의 공동체 안에서도 생각이 너무 다르고 신앙의 색깔이 많이 달라서 하나 되기가 참 어렵습니다. 그러나 성령께서 오시면 하나가 됩니다. 성령님은 교회를 예수께로 이끄시고, 하나님의 선교에 동참하는 증인이 되게 하십니다.

3. 셈(아르박삿) 족보

셈(명성)–아르박삿(보석)–셀라(보냄)–에벨(통과)–벨렉(나눔)–
르우(우정)–스룩(얽힘)–나홀(콧김)–데라(멈춤, 휴지)–
아브람(존귀한 아비), 나홀(콧김), 하란(산지)

창세기 11장에는 노아의 아들 중 셈의 족보가 다시 반복됩니다. 창세기 10장에서도 셈의 후손들이 기록되었지만 아브라함이 소개되지는 않았는데, 저자는 이제 하나님의 구원 역사에서 매우 중요한 역할을 하게 될 아브라함을 등장시키기 위해 무대 배경을 세팅하고 있습니다. 그런데 창세기 5장의 '셋의 족보'에서는 죽음이 강조되었지만, 창세기 11장의 '셈의 족보'는 "낳았더라"라며 생명의 역사가 강조되고 있습니다. 이는 아브라함을 통해 구속과 생명의 역사가 이루어질 것을 암시합니다.

4. 톨레도트

셈의 족보에서 족보는 '톨레도트'입니다. 이 톨레도트 용법은 앞에서 설명했던 것처럼 옛 시대가 끝나고 새 시대를 여는 기능을 합니다. 족보의 마지막 사람이 새 시대를 열어 가는 주인공인 것입니다. 창세기 11장의 족보는 셈부터(11대) 아브라함(20대)까지를 기록하고 있는데, 이 아브라함을 통해 하나님은 새 시대를 열어 가실 것입니다.

'명성'이란 뜻을 가진 셈이 아르박삿을 낳았는데, 아르박삿은 '보석'이란 뜻이며 벨렉은 '나눔'이란 뜻을 가집니다. 그리고 벨렉 시대 때 바벨탑(성)이 세워졌습니다. 벨렉이라는 이름의 뜻처럼 나뉘게 된 것으로 보입니다. 르우는 '우정', 스룩은 '얽힘', 나홀은 '콧김', 아브람의 아비인 데라는 '멈춤, 휴지'란 뜻을 가지고 있습니다.

여기서 아브라함의 아비인 '데라'의 의미가 중요합니다. '데라'의 히브리어는 '휴지, 멈추다, 잠깐 머무르다, 지체시키다'라는 뜻이 있는데, 이 의미가 왜 중요한지는 창세기 12장에서 자세히 설명하겠습니다.

5. 데라의 아들들

데라는 칠십 세에 아브람과 나홀과 하란을 낳았더라 데라의 족보는 이러하니라 데라는 아브람과 나홀과 하란을 낳고 하란은 롯을 낳았으며 하란은 그 아비 데라보다 먼저 고향 갈대아인의 우르에서 죽었더라 아브람과 나홀이 장가들었으니 아브람의 아내의 이름은 사래며 나홀의 아내의 이름은 밀가니 하란의 딸이요 하란은 밀가의 아버지이며 또 이스가의 아버지더라 (창 11:26-29)

아브람, 나홀, 하란

데라(아담의 19대)는 세 아들, 즉 아브람과 나홀과 하란을 낳았는데, 하란은 갈대아 우르에서 일찍 죽었습니다. 12장에 나오는 롯은 하란의 아들이며, 아브람의 조카입니다. 아브람은 이복누이인 사래와 결혼을 했고, 나홀은 하란의 딸인 밀가와 결혼했습니다.

그런데 데라의 장자는 아브람이 아니고 하란입니다. 데라는 70세부터 아들 셋을 낳고 205세에 하란에서 죽었습니다. 하란에서 데라가 죽자 아브람은 하란을 떠나는데, 이때 아브람의 나이가 75세였습니다. 그렇다면 논리적으로 아브람은 데라가 130세에 낳은 아들인 것입니다. 205세에서 75세를 빼면 130세이기 때문입니다. 또한 나홀은 아브람의 동생^(창 22:10)이라고 하나, 동생은 히브리어의 '아흐^(אח)'로 이는 형제라는 뜻입니다. 그러므로 나홀과 아브람의 순서는 정확하지 않습니다. 분명한 것은 아브람이 결코 장자일 수는 없다는 것이며, 추정하건대 하란이 장자였을 가능성이 있습니다.

6. 아브람과 사래, 불임 부부

사래는 임신하지 못하므로 자식이 없었더라 (창 11:30)

저자는 "사래는 임신하지 못하므로 자식이 없었더라"라는 말로 아브람에게 자식이 없음을 밝힙니다. 매우 짧은 한 문장이지만 앞으로 하나님께서 하실 일을 암시하는 의미 있는 문장입니다. 이는 12장에서 아브람을 부르시고 그에게 큰 민족을 이루게 하시겠다는 하나님의 약속이 어떤 상황과 환경 속에서 선포되었는지에 대한 배경을 제시합니다.

아브람과 사래처럼 하나님께서 부르시는 사람들 중에는 불임 부부가 많은 것 같습니다. 아브람과 사래가 그랬고, 이삭과 리브가도 20년 동안 아이가 없었습니다. 누가복음에서 세(침)례 요한의 부모인 사가랴와 엘리사벳도 불임 부부였습니다. 물론 여기에는 하나님의 의도가 있습니다.

하나님이야말로 인간의 불가능을 가능하게 하시는 분임을 드러내기 위함이라 여겨집니다. 오직 하나님 한 분만이 생명을 낳게 할 수 있다는 것을 강조하기 위해 하나님은 불임 부부를 사용하시는 것 같습니다. 생명을 창조할 수 있는 능력을 가지신 분은 오직 하나님 한 분이십니다.

묵상과 삶의 적용

불가능을 가능케 하시는 전능하신 하나님을 믿는가?

불임 부부를 부르시고 그들을 통해 일하시는 하나님을 믿는다면 나는 오늘 다시 힘을 낼 수 있습니다. 나의 불가능을 가능으로 역전시킬 분이 바로 나의 아버지이신 하나님이시기 때문입니다. 내 안에는 생명을 낳을 수 있는 능력이 없지만, 하나님께서 생명을 낳을 능력을 주실 수 있습니다.

아브람과 사래의 이름의 의미

아브람의 의미는 '존귀한 아비', 사래는 '왕비'입니다. 그런데 창세기 17장에서 하나님은 아브람의 이름을 아브라함으로, 사래를 사라로 바꾸십니다. 새 이름은 그 사람의 삶의 정체성, 존재의 이유, 삶의 목적과 사명, 삶의 원리가 완전히 다 뒤집어져서 예전과 전혀 다른 사람이 되었다는 의미를 지닙니다. 이에 대한 자세한 설명은 창세기 17장에서 하도록 하겠습니다.

갈대아 우르를 떠나는 데라의 가족

데라가 그 아들 아브람과 하란의 아들인 그의 손자 롯과 그의 며느리 아브람의
아내 사래를 데리고 갈대아인의 우르를 떠나 가나안 땅으로 가고자 하더니 하란
에 이르러 거기 거류하였으며 데라는 나이가 이백오 세가 되어 하란에서 죽었더
라 (창 11:31-32)

데라는 가족을 데리고 갈대아 우르를 떠나 하란에 머무르다가 205세에
죽습니다. 하란에서 데라가 죽자 하나님은 아브람에게 하란에 머물지 말고
가나안으로 가라고 하십니다.

우르인가? 하란인가?

하나님께서 아브람을 부르신 곳은 갈대아 우르인가? 하란인가? 아브라함이 하나님의
부름을 받은 장소가 갈대아 우르인지, 아니면 하란인지에 대한 논란이 있습니다. 창세
기 11~12장을 보면 아브람이 하란에서 하나님의 부르심을 받은 것처럼 보입니다.
　그러나 성경의 다른 본문에서는 갈대아 우르에서 아브람을 향한 하나님의 소명이
있었음을 볼 수 있습니다.

주는 하나님 여호와시라 옛적에 아브람을 택하시고 갈대아 우르에서 인도하여 내시고
아브라함이라는 이름을 주시고 (느 9:7)

나는 너를 갈대아 우르에서 이끌어 낸 여호와로라 (창 15:6)

스데반이 이르되 여러분 부형들이여 들으소서 우리 조상 아브라함이 하란에 있기 전
메소보다미아에 있을 때에 영광의 하나님이 그에게 보여 이르시되 네 고향과 친척을
떠나 내가 네게 보일 땅으로 가라 하시니 (행 7:2-3)

전체 성경의 맥락을 통해서 하나님께서 아브람을 갈대아 우르에서 부르셨음을 알 수 있습니다. 특히 창세기 15장 6절은 하나님께서 직접 아브람을 갈대아 우르에서 이끌어 내셨음을 언급하고 있습니다. 하나님은 아브람을 갈대아 우르에서 한 번, 하란에서 또 한 번, 즉 두 번이나 만나 주셨던 것입니다.

그렇다면 창세기 11장 31절에서 갈대아 우르를 떠나는 일을 데라가 한 것처럼 묘사하는 것은 왜일까요? 이 단락이 데라의 족보를 소개하는 맥락이란 점을 염두에 둔다면 데라가 실제로 갈대아 우르에서 떠남을 주도하지는 않았지만, 가문의 대표이기 때문에 데라를 주어로 쓰고 있는 것으로 이해할 수 있습니다. 하나님은 데라를 부르신 것이 아니라 아브람을 부르셨고, 아브람이 갈대아 우르를 떠날 때 나이가 많은 아버지 데라도 함께 떠났음을 짐작할 수 있습니다.

무엇이 진짜 복인가?

데라와 아브라함이 살았던 곳은 갈대아 우르입니다. '갈대아'는 민족 이름이고 '우르'는 도시의 이름입니다. 우르는 히브리어 '오르(אוֹר)'에서 왔는데, 오르는 '빛'이라는 뜻입니다. 갈대아 우르는 빛이란 이름에 걸맞게 당시 문명의 중심지였습니다. 그런데 하나님께서 아브람에게 우르를 떠나라고 하시며 아브람에게 복을 약속하십니다.

여호와께서 아브람에게 이르시되 너는 너의 고향과 친척과 아버지의 집을 떠나 내가 네게 보여 줄 땅으로 가라 내가 너로 큰 민족을 이루고 네게 복을 주어 네 이름을 창대하게 하리니 너는 복이 될지라 너를 축복하는 자에게는 내가 복을 내리고 너를 저주하는 자에게는 내가 저주하리니 땅의 모든 족속이 너로 말미암아 복을 얻을 것이라 하신지라 (창 12:1-3)

그런데 막상 아브람이 갈대아 우르를 떠나 가나안 땅에 와서 보니 그곳은 우르에 비해 매우 열악한 곳이었습니다. 사람의 눈으로 보기에는 갈대아 우르가 훨씬 더 복 받은 환경처럼 보였을 것입니다. 그런데 하나님은 아브람을 가나안으로 부르시고, 이곳에서 다시 복을 약속하십니다. 이는 하나님 보시기에 갈대아 우르의 화려한 문명이 아브라함에게 복이 아니었음을 말합니다. 하나님께서 주시고 싶은 복은 세상의 복과 다릅니다. 갈대아 우르와 같은 화려함이 아니라, 비록 척박하지만 하나님의 말씀과 임재가 있는 곳이야말로 하나님의 백성들에게 큰 복인 것입니다.

요한계시록에도 하나님은 당신의 자녀들에게 큰 성 바벨론, 음녀의 도시에서 나오라고 하십니다. 화려하지만 하나님의 말씀과 약속이 없는 곳과, 비록 척박하지만 하나님께서 임재하시는 곳 중에서 어느 곳을 선택하려 하십니까?

7. 하란에서 죽은 데라

데라는 아브람과 사래, 하란의 아들 롯을 데리고 갈대아인의 우르를 떠나 가나안 땅으로 향합니다. 그러나 데라는 하란에서 거류하다가 205세에 그 땅에서 죽습니다.

정확한 기간을 알 수는 없지만 데라와 아브람은 하란에서 꽤 오랜 시간을 머문 것 같습니다. 그들은 왜 하란에 거류하였을까요? '거류하다'라는 동사는 히브리어로 '야샤브(יָשַׁב)'인데, 이는 '거처를 정하다, 거주하다, 앉다'라는 뜻입니다. 이 단어를 통해서 데라가 하란에서 정착하여 살려고 했음을 알 수 있습니다. 왜냐하면 우르는 소위 '비옥한 초승달 지역'의 시작 지점이며, 하란은 끝나는 지점이기 때문입니다. 그리고 하란을 벗어나면 광야입니다. 먹고 살 수 있는 마지막 환경이 하란인 것입니다. 데라는 하나님의 부르심을 직접 받은 자가 아니었고, 그래서 그는 마지막 안전지대인 하란을 벗어나 가나안으로 가고자 하지 않았던 것 같습니다.

데라가 가나안으로 가지 않고 하란에 머물려고 했던 이유를 정확하게 알 수는 없습니다. 그러나 데라가 이미 메소포타미아의 달의 신인 '신(sin)'을 섬기는 자였고, 하란이 당시 달의 신을 숭배하는 중심지였기 때문에 그는 하란을 떠나려고 하지 않았을 것입니다. 달의 신에 대한 데라의 충성심은 자신의 딸인 '사래'와 데라의 아들인 하란의 딸 '밀가'의 이름에도 드러납니다. 데라는 자신의 딸에게 달의 신 '신'의 아내에게 붙이는 호칭인 '사래'라는 이름을 지어 주었고, 하란의 딸은 달의 신인 '신'의 딸에게 붙이는 호칭인 '밀가'라는 이름을 갖게 했습니다. 이것을 보면 데라의 가문이 얼마나 달의 신을 깊이 섬겼는지를 알 수 있습니다.[51]

하나님 나라를 향한 하나님의 열심과 집념

하나님은 바벨탑 사건으로 인해 흩어진 인류 중에서 하나님 나라의 백성이 될 한 민족을 만드시기 위해 갈대아 우르에서 우상을 섬기며 우상 조각을 만들며 살고 있던 한 사람, 아브람을 부르셨습니다. 그리고 그와 함께 하나님 나라를 다시 재건하기 시작하십니다. 하나님은 그에게 땅, 후손, 천하 만민의 복을 약속하십니다. 그리고 그 언약은 아브라함의 후손인 이삭, 야곱, 요셉을 통해 이어집니다. 하나님 나라의 완성과 '여자의 후손'을 보내시겠다는 약속을 이루시기 위한 하나님의 열심과 거룩한 집념은 결코 식지 않습니다. 나를 향한 하나님의 열심과 집념 또한 식을 수 없다는 것을 믿는다면 힘과 용기를 내고 일어설 수 있습니다.

---

51 기동연, 『창세기 주석 시리즈 II : 아브라함아! 너는 내 앞에 행하여 완전하라』(서울: 생명의양식, 2013), p. 14.

4대 족장을 하나의 맥으로 보기

창세기 12장부터 50장까지는 4대 족장인 아브라함, 이삭, 야곱과 아들들, 그리고 요셉의 이야기가 기록되어 있습니다.

창세기 12장을 본격적으로 주해하기 전에 먼저 4대 족장을 유기적으로 연결하여 살펴보려고 합니다. 족장들의 삶을 마치 한 사람의 구원 여정의 과정처럼 살피려는 이런 시도는 통전적 성경 읽기에 대한 하나의 예입니다.

4대 족장 각각의 영적 의미를 살펴보고, 4명의 족장 이야기를 마치 한 사람의 신앙적 성장과 성숙의 단계로 보려고 하는 것입니다. 이런 시각은 성경 본문들과 단락들을 유기적으로 보는 데 큰 도움이 될 것입니다.

4대 족장의 신약적 의미와 적용: 4대 족장을 한 맥으로 보기

아브라함	이삭	야곱	요셉
은혜로 선택 받고 구원 받음 믿음으로 약속 받음 천하 만민의 복의 통로	하나님의 자녀가 순종함으로 축복을 받음	고난: 우리 안의 자아 부수기 험악한 세월	고난: 다른 영혼을 살리기 위한 사명적 고난

아브라함의 단계: 자격이 아닌 은혜와 믿음으로 구원 받음

아브라함은 신자의 신앙 단계에서 신자의 구원 받음을 대표합니다. 아브라함은 자신에게 자격이 있어서가 아니라 오직 하나님의 은혜로 선택 받고 구원 받아 백성이 되었고, 하나님의 약속을 받았습니다. 우리도 하나님의 은혜와 예수 그리스도를 믿는 믿음으로 하나님의 자녀로 거듭나 구원 받았으며, 하나님 아버지의 보호와 인도, 약속을 받았습니다. 구약의 아브라함 뿐 아니라 신약의 신자들도 온 세상에 하나님의 복을 흘려보내는 통로로 부르심을 받은 것입니다.

이삭의 단계: 순종함으로 축복을 누리는 단계

이삭의 삶은 신자의 신앙 단계에서 하나님의 자녀들이 순종을 통해 복을 받는 것을 의미한다고 볼 수 있습니다. 이삭은 하나님의 말씀에 전적으로 순종함으로써 축복을 받고 누렸습니다. 하나님은 구원 받은 하나님의 자녀에게 영육 간에 복을 주시기를 원하십니다. 그리고 그 복은 하나님의 말씀을 순종함으로 받는 것입니다. 순종의 모델인 이삭도 작은 고난들을 겪긴 했지만, 다른 족장들에 비해서는 매우 평탄한 삶을 살았습니다.

야곱의 단계: 고난을 통해 우리 안의 자아 부수기 단계

야곱은 신자의 신앙 단계에서 신자 안의 옛 자아가 하나님에 의해 부수어지는 과정을 상징합니다. 야곱은 147년 동안 험악한 세월을 보냈습니다. 야곱의 고난의 삶은 야곱 안에 있는 자아가 하나님에 의해 부수어지는 과정이었습니다.

모든 신자의 삶도 야곱의 단계를 반드시 거치게 됩니다. 신자에게 약속된 하나님의 축복은 순종함으로 받는 것인데, 순종이 저절로 되지는 않기 때문입니다. 물론 이것은 신자 안에 있는 죄성 때문입니다. 죄성은 하나님의 말씀을 기쁨으로 순종하는 것을 방해합니다. 하나님은 신자가 이삭의 축복을 누리게 되기 위해서는 반드시 야곱의 단계, 곧 고난을 통과하게 하십니다.

야곱은 고난이 많았던 자인데, 그 고난은 자기의 이기심과 교활함 때문에 온 것들이었습니다. 하나님께서는 야곱의 자아를 부수기 위해 수많은 사건과 사람들을 동원하십니다. 야곱은 하나님의 일을 자신의 힘과 지혜로 이루고자 했지만, 원래 하나님의 일은 하나님 스스로 하시는 것입니다. 하나님께는 야곱의 지혜와 능력이 필요하지 않았으며, 야곱은 이것을 배워야 했습니다. 이것을 깨닫게 될 때까지 야곱은 수많은 고난을 통과해야만 했습니다.

하나님은 우리를 쓰시기 위해 우리 안의 자아를 죽여 나가십니다. 우리의 교만, 자랑, 이기심, 음란, 세상 사랑, 자기 열심, 자기 의, 상처와 쓴 뿌리, 분노와 미움, 판단, 좌절, 불신앙 등을 십자가에 못 박는 과정이 우리에게 반드시 필요합니다. 이 과정은 쉽지 않지만, 반드시 통과해야 합니다.

요셉의 단계: 다른 영혼을 살리기 위한 사명적 고난

신자가 야곱의 단계를 지나면, 하나님은 신자를 요셉의 단계로 인도하십니다. 요셉은 신앙의 단계에서 사명적 고난을 상징합니다.

요셉도 야곱처럼 수많은 고난을 겪었지만, 요셉의 고난은 야곱의 고난과는 그 성격이 다릅니다. 야곱의 고난이 자신의 자아를 부수기 위해 당하는 고난이었다면, 요셉의 고난은 다른 사람들을 살리기 위해 당하는 사명적 고난, 대속적 고난이라고 할 수 있습니다.

물론 요셉이 인간적으로 완전한 사람이라는 뜻은 아닙니다. 형들의 잘못을 아버지에게 고자질하는 것을 보면 요셉도 불완전한 사람이었음을 알 수 있습니다. 그러나 구속사의 관점으로 보면 요셉은 우리를 살리기 위해 먼저 고난을 겪으신 그리스도의 모형이라고 할 수 있습니다. 창세기 45장에서 요셉은 총리가 된 후 자기를 팔았던 형들을 다시 만난 자리에서 극적으로 형들을 용서하고 그들과 화해합니다. 그때 요셉은 "하나님이 형들의 생명을 살리기 위해 나를 먼저 이곳에 보내셨나이다"라며 하나님의 섭리를 고백합니다.

> 하나님이 큰 구원으로 당신들의 생명을 보존하고 당신들의 후손을 세상에 두시려고 나를 당신들보다 먼저 보내셨나니 그런즉 나를 이리로 보낸 이는 당신들이 아니요 하나님이시라 하나님이 나를 바로에게 아버지로 삼으시고 그 온 집의 주로 삼으시며 애굽 온 땅의 통치자로 삼으셨나이다 (창 45:7-8)

애굽의 총리가 되어 아비와 형들과 가문을 살리기까지 요셉은 13년의 고난을 당했습니다. 형들에 의해 애굽에 팔려와 보디발 장군의 집에서 종살이 10년, 강간범이라는 억울한 죄명으로 옥살이 3년, 총 13년의 고난의 세월을 보냈던 것입니다.

그러나 13년이 지나 그의 나이 30세에 애굽의 총리가 되어서 자신의 인생을 뒤돌아보니, 이 모든 일이 하나님의 섭리였다는 사실을 깨닫게 된 것입니다. 요셉의 고난은 자신의 잘못 때문에 당했던 것이 아니라 다른 사람들의 생명을 살리기 위해 미리 당했던 대속적 고난, 사명적 고난이었던 것입니다.

하나님께서는 마지막으로 우리의 삶을 요셉의 단계로 이끄십니다. 야곱의 단계를 지나면, 누군가의 생명을 살리기 위한 사명적 고난을 겪게 하십니다. 하나님은 신자들을 통해 또 다른 누군가를 살리시기 원하십니다. 신자는 요셉의 단계까지 자라서 사명을 감당하는 자리까지 성숙해야 하는 것입니다.

신자들은 야곱의 고난과 요셉의 고난을 동시에 경험합니다. 야곱처럼 자아가 깨어지는 고난의 과정과, 다른 사람들을 살리기 위한 사명적 고난이 신자들에게 동시에 진행됩니다. 단, 그 신자의 성숙의 분량에 따라 야곱적 고난이 더 많은지, 요셉적 고난이 더 많은지가 달라질 뿐입니다.

나는 어느 단계에 와 있나?

4대 족장의 삶을 한 사람의 신앙 여정과 성장 단계로 보는 것은, 성경을 조각내어 보지 않고 유기적 연결로 보려고 한 것입니다. 이런 안목이 생기면 성경을 보는 새로운 시각이 열리게 됩니다. 그러면 이 4단계 중에서 나는 어떤 단계와 과정을 밟고 있나요? 대부분 사람은 아마 야곱과 요셉의 단계를 살고 있을 것입니다. 나의 고난은 자아를 부수기 위한 야곱의 고난인가요? 아니면 다른 사람들의 생명을 살리기 위한 사명적 고난인가요?

창세기 1~11장: 창조, 타락, 홍수, 바벨탑의 4대 사건
하나님 나라로 본 창세기 1

초판 1쇄 인쇄 2024년 3월 30일
초판 1쇄 발행 2024년 4월 10일

지은이 유석영
펴낸이 유석영

펴낸곳 도서출판 진리의 일꾼
등록 2023년 4월 27일 제2023-000027호
주소 세종특별자치시 시청대로 209 금강르네상스 506호, 507호 (보람동)
전화 010-2308-1042
블로그 blog.naver.com/kingdom106-
이메일 uteacher1@hanmail.net

총판 비전북 031-907-3927

copyright ⓒ 유석영, 2024

ISBN 979-11-984775-3-8 (04230)
세 트 979-11-984775-2-1